EXAM PRESS®

給水装置工事主任技術者試験学習書

出るとこだけ！

建築土木
教科書®

給水

第**2**版

装置工事

主任技術者 ｜ 著 石原鉄郎

SE
SHOEISHA

はじめに

　給水装置工事主任技術者は、水道法に基づく国家資格で、指定給水装置工事事業者の事業所ごとに選任義務があります。毎年 1 回、実施される給水装置工事主任技術者試験に合格することによりなることができます。試験科目は、公衆衛生概論、水道行政、給水装置工事法、給水装置の構造及び性能、給水装置計画論、給水装置工事事務論、給水装置の概要及び給水装置施工管理法の 8 科目です。

　限られた時間の中で記憶・理解できることには限界があります。8 科目にわたる分野から出題される本試験の出題分野を、すべて完璧に網羅しようとすることは得策ではありません。

　そこで本書は、試験で問われる要点をまとめることに努めました。要点をコンパクトな一冊にまとめることで、通勤・通学時間や休憩時間などの空き時間に、効率的に学習することができるようにしています。

・ 頻出項目の出題内容が把握できる

　広範な出題分野から、合格のために必ず覚えておきたい、頻出しているテーマに絞って解説しています。

・ 要点整理でキーワードを確認できる

　試験でよく問われる専門用語や特徴、用途、数値などのキーワードを効率よく学習できるように構成しています。

- **関連問題で理解度を確認できる**

  テーマごとに、過去に出題された問題を取り上げています。問題を解くことで理解度をチェックできます。

  改定版では、例題を最新問題に差し替えるとともに、最新の出題傾向を検討して、頻出項目の見直しを行いました。

  給水装置工事主任技術者試験に合格するための入門書として、問題集のサブテキストとして、そして、試験直前の総まとめとして、本書を活用していただければと思います。皆さんが、合格の栄冠を手にされることを願っています。

  2020 年 4 月

  石原鉄郎

目 次

試験案内

　　給水装置工事主任技術者試験は、給水装置工事主任技術者が必要な知識と技術・技能について、水道法に基づき実施される国家試験です。指定給水装置工事事業者は事業者ごとに給水装置工事主任者を選定することが義務付けられており、主任技術者は安定した需要が期待できます。

　　給水装置工事主任技術者は、給水装置工事に関する技術上の管理、給水装置工事に従事する人への技術指導・監督、給水装置の構造・材質が適合しているかの確認などを行います。

●試験の概要

受験申請書類受付期間	5月下旬～7月上旬
試験日	10月下旬
合格発表	11月下旬
受験手数料	16,800円（非課税）
試験地区	北海道、東北、関東、中部、関西、中国四国、九州、沖縄
受験資格	給水装置工事に関して3年以上の実務の経験を有する者
試験科目と試験時間	学科試験1（全受験者）150分（10：00～12：30） 　　公衆衛生概論／水道行政／給水装置の構造及び性能／給水装置工事法／給水装置計画論／給水装置工事事務論 学科試験2（一部免除者以外）60分（14：00～15：00） 　　給水装置の概要／給水装置施工管理法 　　※管工事施工管理試験の1級、2級合格者は、学科試験2が免除
問題形式	四肢択一マークシート方式
配点	1題につき1点（必須6科目計40点、全科目計60点）
合格基準	以下の（1）～（3）をすべて満たすこと。 　　※一部免除者は（1）と（3） （1）　必須6科目（公衆衛生概論、水道行政、給水装置工事法、給水装置の構造及び性能、給水装置計画論、給水装置工事事務論）の得点の合計が、27点以上であること （2）　全8科目の総得点が、40点以上であること （3）　次の各科目の得点が、それぞれ以下の表に示す点以上であること

●各科目の問題数、合格基準点、本書の章

科目		問題番号	問題数	合格基準点	本書の章
学科試験 1	公衆衛生概論	問 1〜3	3 問	1 点	1 章
	水道行政	問 4〜9	6 問	2 点	2 章
	給水装置工事法	問 10〜19	10 問	4 点	4 章
	給水装置の構造及び性能	問 20〜29	10 問	4 点	5 章
	給水装置計画論	問 30〜35	6 問	2 点	6 章
	給水装置工事事務論	問 36〜40	5 問	2 点	3 章
学科試験 1：合計			40 問	27 点	
学科試験 2	給水装置の概要	問 41〜55	15 問	5 点	7 章
	給水装置施工管理法	問 56〜60	5 問	2 点	8 章
学科試験 1、学科試験 2：合計			60 問	40 点	

※令和 2 年度試験の場合

●問合せ先

　以上の情報は、本書執筆時のものです。最新情報は、下記の試験運営団体のホームページを必ず確認するようにしてください。また、受験に関する詳細は、願書に添付されている「受験の手引き」を確認してください。

公益財団法人 給水工事技術振興財団

〒 163-0712

東京都新宿区西新宿 2-7-1 小田急第一生命ビル 12F

https://www.kyuukou.or.jp/shiken/

代表電話　03-6911-2711（国家試験部／音声案内①）

本書の使い方

●出るのはここ！
出題のポイントとなる要素を、覚えやすい形にまとめています。

●節番号・見出し
試験によく出るテーマを選んで構成しています。

●日付記入欄
学習日をメモできます。

●章タイトル
各章は、給水装置工事主任技術者試験の8つの課目に対応しています。

●チェックボックス
覚えた項目に☑印をつけられます。

●例題
過去の試験問題から、テーマに添った問題を掲載しています。内容に変更を加えた場合は「改題」と記載しています。

●赤い文字
付属の赤いシートを被せると、赤くなっているキーワード、数値や例題の答を隠すことができます。

第 1 章

公衆衛生
概論

水道の歴史・事例

水系感染症の流行
- □ 1854 年、ロンドンで井戸水が原因でコレラが流行

日本の近代水道の歴史
- □ 明治時代、コレラなどの水系感染症に対して、衛生的な近代水道の必要性が高まる
- □ 近代水道の第 1 号は、1887（明治 20）年に給水開始した横浜水道
- □ 1898（明治 31）年、東京で最初に稼働した淀橋浄水場の浄化法は、緩速ろ過法
- □ 当初は塩素消毒していなかった。塩素消毒が開始されたのは大正時代
- □ 第二次世界大戦前の水道普及率は 40％未満

水道水等の汚染事例
- □ 1990（平成 2）年、埼玉県浦和市（現さいたま市）の幼稚園で、井戸水が原因で病原性大腸菌 O157 の集団感染により、死者が発生した
- □ 1993 年、米国ミルウォーキーの水道で、クリプトスポリジウムが原因で健康影響があり、死者が発生した
- □ 1996（平成 8）年、埼玉県越生町の水道がクリプトスポリジウムにより汚染され、感染者が発生した
- □ 2000（平成 12）年以降、日本において、水道水や井戸水の汚染に起因した健康影響は発生している

例題1

飲料水に起因する健康影響の歴史に関する次の記述の ⬚ 内に入る語句を<u>答えなさい</u>。

　飲料水に関する公衆衛生の歴史上有名な事件に、1854年 ｱ で発生した ｲ の流行がある。

　この汚染源が、 ｳ であることが突き止められ、 ｳ の使用を禁じることで ｲ の流行を阻止したという疫学研究の最初とも言える事件である。

解答 ｱ：ロンドン　ｲ：コレラ　ｳ：井戸水

解説 1854年にロンドンでコレラが井戸水を介して流行した。

例題2

平成8年6月埼玉県越生町において、水道水が直接の感染経路となる集団感染が発生し、約8,800人が下痢等の症状を訴えた。この主たる原因として、次のうち、<u>適当なものはどれか</u>。
(1)　病原性大腸菌 O157
(2)　赤痢菌
(3)　クリプトスポリジウム
(4)　ノロウイルス

解答 3

解説 平成8年6月埼玉県越生町における水道水が直接の感染経路となる集団感染の主たる原因は、**クリプトスポリジウム**である。

病原体

□病原性大腸菌 O157

　腸内でベロ毒素を産生。腎不全や血便を引き起こす。残留塩素が有効である

□ノロウイルス

　食品や水により経口感染。下痢、腹痛、吐気、嘔吐、発熱などを引き起こす

□レジオネラ属菌

　土壌や地下水、河川水等に広く存在している。塩素により死滅する。菌が混入した水の飛沫を、免疫力の低下している人が吸入すると、肺炎のような感染症を起こす

□クリプトスポリジウム

　殻で覆われたオーシストの形で存在し、塩素消毒に抵抗性を示す

化学物質

□シアン

　メッキ工場、精錬所などの排水に由来する

□ヒ素

　地質、鉱山排水、工場排水等に由来。角化症、色素沈着、黒皮症、皮膚の異常、末梢神経障害、皮膚がん等を引き起こす

□フッ素

　地質や工場排水等に由来。斑状歯や骨折の増加等を引き起こす

□トリクロロエチレン

　有機溶剤に用いられる。土壌に浸透し、飲料用の地下水に混入した事例がある

□トリハロメタン類

　浄水場で注入される塩素と有機物質により生成される。発がん性がある

□鉛
ピーエイチ
pH値の低い水や遊離炭酸の多い水に溶出しやすい。ヘム合成阻害、貧血、消化管の障害、**神経系の障害**、**腎臓障害**等を起こす

利水障害

利水障害	主な原因物質
臭気	藻類（カビ臭）、フェノール類、チクロ
味	亜鉛、塩素イオン、鉄、ナトリウム
色	亜鉛、アルミニウム、鉄、銅、マンガン
泡立ち	界面活性剤

例題　　　　　　　　　　　　　　　　平成28年 問題1

水系感染症に関する次の記述のうち、<u>不適当なもの</u>はどれか。
(1)　水道では、病原性大腸菌O 157の感染予防のために、残留塩素の確保が有効な手段である。
(2)　ノロウイルスは、ウイルスに汚染された食品や水により経口感染し、下痢、腹痛、吐気、嘔吐、発熱などの症状を起こす。
(3)　レジオネラ属菌は、土壌や地下水、河川水等に広く存在しており、塩素に抵抗性があるため、飲用によるレジオネラ属症感染のおそれがある。
(4)　クリプトスポリジウムは、水や食べ物のなかでは殻で覆われたオーシストの形で存在し、塩素消毒に対して抵抗性を示す。

解答　3
解説　レジオネラ属菌は、塩素に**抵抗性がない**。

水道の定義

水道法第3条（用語の定義）

□ 水道

水を人の**飲用に適する**水として供給する施設の総体。ただし、**臨時**に施設されたものを除く

□ 水道事業

一般の需要に応じて、水道により水を供給する事業。ただし、給水人口が 100 人以下である水道によるものを除く

□ **簡易**水道事業

給水人口が 5,000 人以下である水道により、水を供給する水道事業

□ 水道用水供給事業

水道により、**水道事業**者に対してその用水を供給する事業。ただし、他の水道事業者に**分水**する場合を除く

□ 専用水道

水道事業の用に供する水道以外の水道で、次のいずれかに該当するもの

　‣ 100 人を超える者に必要な水を供給するもの

　‣ 一日最大給水量が基準（20m^3）を超えるもの

□ **簡易**専用水道

水道事業の用に供する水道及び専用水道以外の水道で、水道事業の用に供する水道から供給を受ける水のみを水源とするもの。ただし、政令で定める基準（10m^3）以下のものを除く

□ 水道施設 ►1-4 参照

水道のための**取**水施設、**貯**水施設、**導**水施設、**浄**水施設、**送**水施設及び**配**水施設

□ 給水装置

水道事業者の配水管から**分岐**して設けられた給水管及び**直結**する給水用具

□水道の布設工事

　水道施設の新設又は政令で定める**増設**若しくは**改造**の工事

□給水装置工事

　給水装置の設置又は**変更**の工事

水道の満足すべき要件

□水質・水量・水圧

例題

水道事業等の定義に関する次の記述の◻◻◻内に入る語句及び数値の組み合わせのうち適当なものはどれか。

水道事業とは、一般の需要に応じて、給水人口が◻ア◻人を超える水道により水を供給する事業をいい、◻イ◻事業は、水道事業のうち、給水人口が◻ウ◻人以下である水道により水を供給する規模の小さい事業をいう。

◻エ◻とは、寄宿舎、社宅、療養所等における自家用の水道その他水道事業の用に供する水道以外の水道であって、◻ア◻人を超える者にその住居に必要な水を供給するもの、又は人の飲用、炊事用、浴用、手洗い用その他人の生活用に供する水量が一日最大で20㎥を超えるものをいう。

	ア		イ		ウ		エ
(1)	100	——	簡易水道	——	5,000	——	専用水道
(2)	100	——	簡易専用水道	——	1,000	——	貯水槽水道
(3)	500	——	簡易専用水道	——	1,000	——	専用水道
(4)	500	——	簡易水道	——	5,000	——	貯水槽水道

解答 1

解説 本文参照

1-4 水道施設

学習 /

水道施設のフロー

水道施設の流れは下記のとおり

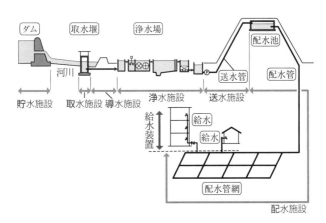

水道施設の各施設

- □ **貯水施設**：水道の**原水**を貯留する
- □ **取水施設**：水道の水源から**原水**を取り入れる
- □ **導水施設**：**貯水施設**を経た**原水**を**浄水施設**に導く
- □ **浄水施設**：**原水**を人の飲用に適する水に処理する
- □ **送水施設**：**浄水施設**を経た**浄水**を**配水施設**に送る
- □ **配水施設**：一般の**需要**に応じ、必要な水を供給する

8

例題1

水道施設とその機能に関する次の組み合わせのうち、<u>不適当な
もの</u>はどれか。

	水道施設		機能
(1)	取水施設	———	水道の水源から原水を取り入れる。
(2)	浄水施設	———	原水を人の飲用に適する水に処理する。
(3)	導水施設	———	浄水施設を経た浄水を配水施設に導く。
(4)	配水施設	———	一般の需要に応じ、必要な水を供給する。

解答 3

解説 浄水施設を経た浄水を配水施設に導くのは、**送水**施設の機能の
説明である。

例題2

水道施設に関する下図の 　　　　 内に入る語句を<u>答えなさい</u>。

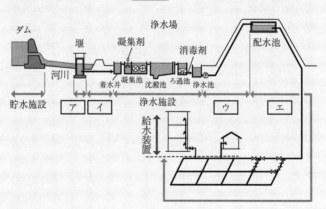

解答　ア：取水施設　　イ：導水施設
　　　　ウ：送水施設　　エ：配水施設

解説 本文参照

水質基準

水道水の水質基準（水道法第4条）

- □ 病原生物に汚染され、又は病原生物に汚染されたことを疑わせるような生物若しくは物質を含むものでないこと
- □ シアン、水銀その他の有毒物質を含まないこと
- □ 銅、鉄、弗素、フェノールその他の物質をその許容量をこえて含まないこと
- □ 異常な酸性又はアルカリ性を呈しないこと
- □ 異常な臭味がないこと。ただし、消毒による臭味を除く
- □ 外観は、ほとんど無色透明であること

水質基準項目

- □ 地域、水源、浄水方法により、健康、生活の支障を生じるおそれのある項目が定められている
- □ 最新の科学的知見に照らして逐次改正される
- □ 一般細菌：1mlの検水で形成される集落数が100以下であること
- □ 大腸菌：検出されないこと
- □ 硝酸態窒素、亜硝酸態窒素：10mg/L以下
- □ トリハロメタン：総トリハロメタンとともに、トリハロメタン類（4物質）各々について基準値が定められている
- □ 界面活性剤：陰イオン界面活性剤と非イオン界面活性剤に基準値が規定されている
- □ 有機物（全有機炭素（TOC）の量）：3mg/L以下
- □ 味：異常でないこと
- □ 臭気：異常でないこと
- □ 色度：5度以下
- □ 濁度：2度以下

水質管理項目

□水質管理**目標設定**項目

　毒性の評価が暫定的で、水質管理上、留意すべき項目。**厚生労働省健康局**長により通知

□**要検討**項目

　毒性が定まらない、検出事態が明らかでない項目

```
水質基準
（水道法第4条）
```
→
・具体的基準を省令で規定
・重金属、化学物質については浄水から評価値の10%値を超えて検出されるもの等を選定
・健康関連31項目＋生活上支障関連20項目
・水道事業者等に遵守義務・検査義務有り

```
水質管理目標設定項目
（平成15年局長通知）
```
⇒
・水質基準に係る検査等に準じた検査を要請
・評価値が暫定であったり検出レベルは高くないものの水道水質管理上注意喚起すべき項目
・健康関連13項目＋生活上支障関連13項目

```
要検討項目
（平成15年審議会答申）
```

・毒性評価が定まらない、浄水中存在量が不明等
・全47項目について情報・知見を収集

最新の知見により常に見直し
（逐次改正方式）

例題 1

水道法第4条に規定する水質基準に関する次の記述の正誤の組み合わせのうち、適当なものはどれか。

ア　病原生物をその許容量を超えて含まないこと。

イ　シアン、水銀その他の有毒物質を含まないこと。

ウ　消毒による臭味がないこと。

エ　外観は、ほとんど無色透明であること。

	ア	イ	ウ	エ
(1)	正	誤	正	誤
(2)	誤	正	誤	正
(3)	正	誤	誤	正
(4)	誤	正	正	誤

例題2

平成26年 問題2

水道法第4条に規定する水質基準に関する次の記述の正誤の組み合わせのうち、<u>適当なものはどれか</u>。

ア　病原生物に汚染され、又は病原生物に汚染されたことを疑わせるような生物若しくは物質を含むものでないこと。

イ　銅、鉄、弗素、フェノールを含まないこと。

ウ　消毒による臭味がないこと。

エ　外観は、ほとんど無色透明であること。

	ア	イ	ウ	エ
(1)	正	誤	正	誤
(2)	誤	正	誤	正
(3)	正	誤	誤	正
(4)	誤	正	正	誤

解答 3

解説 イ：含まないことではなく、許容量を超えて含まないこと。ウ：消毒による臭味は除かれている。

1-6 浄水処理

緩速(かんそく)ろ過法

□原水を普通沈でん処理したのち、ろ過池の砂層の好気性生物により浄水する方法

□砂ろ過を行った後、消毒のための塩素剤を注入する

急速ろ過法

□原水に凝集剤を加えて薬品沈でん処理をしたのち、砂ろ過を行う方法

□溶解性の鉄やマンガンを除去するため、ろ過池の前に塩素を入れる前塩素処理を行う

□砂ろ過を行った後、消毒のための塩素剤を注入する

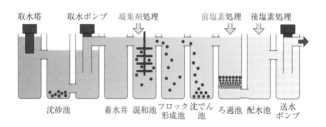

取水塔　取水ポンプ　凝集剤処理　　前塩素処理　後塩素処理

沈砂池　着水井　混和池　フロック形成池　沈でん池　ろ過池　配水池　送水ポンプ

13

平成27年 問題2

水道の浄水処理に関する次の記述のうち、<u>不適当なもの</u>はどれか。

(1) 急速ろ過法とは、一般に原水に凝集剤を加えて沈でん処理をしたのち、砂ろ過を行う浄水方法である。

(2) 緩速ろ過法とは、一般に原水を普通沈でん処理したのち、ろ過池の砂層に繁殖した好気性生物により水を浄化する浄水方法である。

(3) 急速ろ過法、緩速ろ過法ともに、砂ろ過を行った後、消毒のための塩素剤を注入する。

(4) 緩速ろ過法では、溶解性の鉄やマンガンを除去するため、ろ過池の前に塩素を入れる前塩素処理を行う。

解答 4　　**解説** 前塩素処理は、**急速**ろ過法で行われる。

平成23年 問題3

水道の浄水処理に関する次の記述のうち、<u>不適当なもの</u>はどれか。

(1) 急速ろ過方式とは、一般に原水に凝集剤を加えて薬品沈でん処理したのち、砂ろ過を行う浄水方法である。

(2) 残留塩素とは、塩素消毒後に水中に残留している塩素のことで、殺菌効果は結合残留塩素に比べて遊離残留塩素の方が高い。

(3) 消毒用の塩素剤には、次亜塩素酸ナトリウム、液化塩素、次亜塩素酸カルシウム等がある。

(4) 緩速ろ過方式とは、一般に凝集剤を加えずに原水を普通沈でん処理したのち、活性炭ろ過を行う浄水方法である。

解答 4　　**解説** 活性炭ろ過ではなく、**砂ろ過**を行う。

1

公衆衛生概論

塩素消毒

- □水道水中の残留塩素濃度の保持は、衛生上の措置（**水道**法第22条、**水道**法施行規則第17条）において規定されている
- □消毒剤：**液化塩素（液体塩素）**、次亜塩素酸**ナトリウム**、次亜塩素酸**カルシウム**
- □**残留**塩素：**微生**物を殺菌消毒し、**有機**物を酸化分解した後も残留している塩素
- □**遊離残留**塩素：次亜塩素酸、次亜塩素酸イオン
- □**結合残留**塩素：クロラミン
- □殺菌効果：**遊離残留**塩素＞**結合残留**塩素
- □残留効果：**遊離残留**塩素＜**結合残留**塩素
- □残留塩素の測定

  ジエチル -p- フェニレンジアミン（DPD）と反応して生じる**桃赤色**による比色法
- □給水栓における残留塩素濃度

  遊離残留塩素の場合 **0.1**mg／L 以上 ｜ 保持する

  結合残留塩素の場合 **0.4**mg／L 以上 ｜ 必要がある

例題

消毒及び残留塩素に関する次の記述のうち、<u>不適当なものはどれか</u>。

(1) 水道水中の残留塩素濃度の保持は、衛生上の措置（水道法第 22 条、水道法施行規則第 17 条）において規定されている。

(2) 給水栓における水は、遊離残留塩素 0.1mg/L 以上（結合残留塩素の場合は 0.4mg/L 以上）を含まなければならない。

(3) 水道の消毒剤として、次亜塩素酸ナトリウムのほか、液化塩素や次亜塩素酸カルシウムが使用されている。

(4) 残留塩素濃度の簡易測定法として、ジエチル－p－フェニレンジアミン（DPD）と反応して生じる青色を標準比色液と比較する方法がある。

解答 4

解説 青色ではなく、桃赤色を標準比色液と比較する。

第 **2** 章

水道行政

学習 /

水道事業の制度

- □ 水道事業を経営しようとする者は、**厚生労働大臣***の認可を受けなければならない
- □ 水道事業者の**保護育成**、需要者の**利益保護**のために、**認可制度**となっている
- □ 水道事業者間の供給区域の**重複**による不合理・不経済を回避している
- □ 供給区域内の需要者は、当該水道事業者以外の水道事業者を選択できない
- □ **水道用水供給**事業については、水道事業を代替するので、**認可制度**としている

*2024年4月1日より国土交通大臣。

水道基準

- □ 水道により供給する水−**水質**基準
- □ 水道施設−**施設**基準
- □ 簡易専用水道−**管理**基準

例題 1

平成28年 問題4

水道事業に関する次の記述の □ 内に入る語句の組み合わせのうち、<u>適当なもの</u>はどれか。

水道法では、水道事業を地域独占事業として経営する権利を国が与えることとして、水道事業者を □ ア □ すると同時に需要者の □ イ □ ために国が監督するという仕組みとして □ ウ □ 制度をとっている。

	ア		イ		ウ
(1)	保護育成	———	義務を定める	———	許可
(2)	規制	———	義務を定める	———	認可
(3)	保護育成	———	利益を保護する	———	認可
(4)	規制	———	利益を保護する	———	許可

解答 3

解説 水道事業者の**保護育成**、需要者の**利益保護**のために、**認可**制度をとっている。

例題2   平成29年 問題4

水道法に規定する水道事業の認可に関する次の記述のうち、<u>不適当なもの</u>はどれか。

(1) 水道法では、水道事業者を保護育成すると同時に需要者の利益を保護するために、水道事業者を監督する仕組みとして認可制度をとっている。

(2) 水道事業を経営しようとする者は、市町村長の認可を受けなければならない。

(3) 水道事業経営の認可制度によって、複数の水道事業者の供給区域が重複することによる不合理・不経済が回避される。

(4) 水道用水供給事業については、給水区域の概念はないが、水道事業の機能の一部を代替するものであることから、認可制度をとっている。

解答 2

解説 水道事業を経営しようとする者は、**厚生労働大臣***の認可を受けなければならない。

＊2024年4月1日より国土交通省令。

水道事業者

水道施設の建設

- [ ] **水道事業者**及び**水道用水供給事業者**は、**布設工事監督**者の監督下で水道施設を建設しなければならない
- [ ] 工事した水道施設を利用して**給水**を開始する前に、**水質検査**・施設検査を行う

水質検査

- [ ] 水道事業者は、供給される水の色、濁り、消毒の残留効果を、1日に1回以上検査する
- [ ] 毎事業年度の開始前に**水質検査**計画を策定し、需要者に対し**情報提供**を行う
- [ ] 採水は**給水栓**を原則とし、構造等を考慮して、判断することができる場所を選定する

施設の管理

- [ ] 水道事業者は、従事者等について、定期及び臨時の**健康診断**を行わなければならない
- [ ] 衛生上の処置として、水道施設を常に**清潔**に保ち、**汚染防止**を充分にする
- [ ] 水道施設には、みだりに**人畜が立ち入らない**ような措置を講じる

給水の緊急停止

- [ ] 水道事業者は、供給する水が人の健康を害するおそれがあることを知ったときは、**直ちに給水を停止**し、**危険**である旨を関係者に**周知**する措置を講じなければならない
- [ ] 水道事業者の供給する水が人の健康を害するおそれがあることを知った者は、**直ちに水道事業者に通報**しなければならない

水質管理などに関する次の記述の正誤の組み合わせのうち、<u>適当なものはどれか。</u>

ア　水道事業者は、供給される水の色及び濁り並びに消毒の残留効果に関する検査を、3日に1回以上行うこと。

イ　水道事業者は、水道の取水場、浄水場又は配水池において業務に従事している者及びこれらの施設の設置場所の構内に居住している者について、厚生労働省令の定めるところにより、定期及び臨時の健康診断を行わなければならない。

ウ　衛生上の処置として、取水場、貯水池、導水渠、浄水場、配水池及びポンプ井を常に清潔に保ち、汚染防止を充分にする。

エ　水道事業者の供給する水が人の健康を害するおそれがあることを知った者は、直ちにその旨を当該水道事業者に通報しなければならない。

```
        ア      イ      ウ      エ
(1) 正 ——— 誤 ——— 正 ——— 正
(2) 誤 ——— 誤 ——— 正 ——— 正
(3) 正 ——— 正 ——— 誤 ——— 誤
(4) 誤 ——— 正 ——— 正 ——— 正
```

解答 4

解説 ア：供給される水の検査は、1日に1回以上行う。

2-3 水道技術管理者

水道技術管理者の設置

- □ **水道事業者は、技術上の業務を担当させるため、水道技術管理者 1 人を置かなければならない**
- □ 水道事業者自ら水道技術管理者となることもできる

水道技術管理者の職務

水道技術管理者は、次に掲げる事項に関する事務に従事し、従事する他の職員を監督しなければならない

- □ **水道**施設が**施設基準**に適合しているかどうかの検査
- □ 給水開始前の**水質検査**及び**施設検査**
- □ **給水**装置の構造及び材質が基準に適合しているかどうかの検査
- □ 定期及び臨時の**水質検査**
- □ 従事者等の**健康診断**
- □ 水道施設の**清潔保持**、水道水の**残留塩素**の保持、その他**衛生**上の措置
- □ 供給する水が人の健康を害するおそれがあると知ったときの給水の**緊急停止**と周知
- □ **給水停止**命令による**給水停止**

例題

水道法第 19 条の水道技術管理者に関する次の記述のうち、<u>不適当なもの</u>はどれか。

（1） 水道事業者は、水道の管理について技術上の業務を担当させるため、水道技術管理者 1 人を置かなければならない。この場合、水道事業者は、自ら水道技術管理者となることはできない。

（2） 水道技術管理者は、水道により供給される水の水質検査に関する事務に従事し、及びこれらの事務に従事する他の職員を監督しなければならない。

（3） 水道技術管理者は、水道施設が水道法第 5 条の規定による施設基準に適合しているかどうかの検査に関する事務に従事し、及びこれらの事務に従事する他の職員を監督しなければならない。

（4） 水道技術管理者は、給水装置の構造及び材質が水道法第 16 条の規定に基づく政令で定める基準に適合しているかどうかの検査に関する事務に従事し、及びこれらの事務に従事する他の職員を監督しなければならない。

解答 1

解説 水道事業者は、「自ら水道技術管理者となることを妨げない」（自ら水道技術管理者となることができる）と規定されている。

2

水道行政

供給規程

□ **水道事業者**は、供給規程を定めなければならない

□ 指定給水装置工事事業者及び給水装置工事主任技術者にとって、**水道事業者**の給水区域で**給水装置工事**を施行する際に、供給規程は工事を適正に行うための基本となるもの

供給規程の要件

□ 料金が、能率的な経営の下における適正な**原価**に照らし**公正妥当**なものであること

□ 料金が**定率**又は**定額**をもって明確に定められていること

□ **水道事業者**及び水道の需要者の責任に関する事項、**給水装置工事**の費用の負担区分及びその額の算出方法が、適正かつ明確に定められていること

□ 特定の者に対して不当な**差別**的取扱いをするものでないこと

□ **貯水槽水道**が設置される場合は、**貯水槽水道**に関し、**水道事業者**及び当該**貯水槽水道**の**設置者**の責任に関する事項が、適正かつ明確に定められていること

その他の供給規程

□ **水道事業者**は、供給規程を、その実施の日までに一般に**周知**させる措置をとらなければならない

□ 水道事業者が**地方公共団体**である場合は、供給規程に定められた事項のうち**料金**を変更したときは、その旨を**厚生労働大臣***に届け出なければならない

□ 水道事業者が**地方公共団体**以外の者である場合は、供給規程に定められた供給条件を変更しようとするときは、**厚生労働大臣***の認可を受けなければならない

□ **厚生労働大臣***は、**認可**の申請が要件に適合していると認めるときは、**認可**を与えなければならない

* 2024年4月1日より国土交通大臣。

例題 1 平成 28 年 問題 8

水道法第 14 条に規定する供給規程に関する次の記述のうち、不適当なものはどれか。

(1) 給水装置工事の費用の負担区分及びその額の算出方法並びに水道事業者及び需要者の責任に関する事項が、適正かつ明確に定められていること。

(2) 料金が定率又は定額をもって明確に定められていること。

(3) 特定の者に対して不当な差別的取扱いをするものでないこと。

(4) 専用水道が設置されている場合においては、専用水道に関し、水道事業者及び当該専用水道の設置者の責任に関する事項が、適正かつ明確に定められていること。

解答 4
解説 貯水槽水道が設置される場合の責任に関する事項である。

例題 2 平成 27 年 問題 4

水道法第 14 条の供給規程に関する次の記述のうち、不適当なものはどれか。

(1) 供給規程は、水道事業者と水道の需要者との給水契約の内容を示すものである。

(2) 都道府県知事は、料金、給水装置工事の費用の負担区分その他の供給条件について、供給規程を定めなければならない。

(3) 水道事業者は、供給規程を、その実施の日までに一般に周知させる措置をとらなければならない。

(4) 供給規程は、特定の者に対して不当な差別的取扱いをするものであってはならない。

解答 2
解説 供給規程は**水道事業者**が定める。

給水義務

- □ 水道事業者は、事業計画に定める**給水区域内**の需要者から給水契約の申込みを受けたときは、正当の理由がなければ、これを**拒んではならない**
- □ 水道事業者は、**常時**、水を供給しなければならない
- □ ただし、**災害**その他正当な理由でやむを得ない場合には、給水区域の全部又は一部につき給水を**停止**することができる
- □ この場合には、やむを得ない事情がある場合を除き、給水を**停止**しようとする区域及び期間を、あらかじめ関係者に**周知**させる措置をとらなければならない
- □ 水道事業者は、当該水道により給水を受ける者が**料金を支払わない**とき、正当な理由なしに**給水装置の検査**を拒んだとき、その他正当な理由があるときは、**供給規程**の定めるところにより、給水を**停止**することができる
- □ 水道事業者の給水区域内で水道水の供給を受けようとする住民には、その水道事業者以外の水道事業者を選択する自由はない

基準に適合しない場合

- □ 水道事業者は、給水装置の**構造及び材質**が、**基準**に適合していないときは、**供給規程**の定めるところにより、給水契約の申込みを**拒み**、又は基準に適合させるまでの間、給水を**停止**することができる
- □ ただし、厚生労働省令で定める給水装置の軽微な変更であるとき、又は当該給水装置の構造及び材質が前条の規定に基づく政令で定める**基準に適合している**ことが確認されたときは、**この限りでない**

例題 1

水道法第15条の給水義務に関する次の記述のうち、<u>不適当なものはどれか</u>。

(1) 水道事業者は、当該水道により給水を受ける者に対し、災害その他正当な理由がありやむを得ない場合を除き、常時給水を行う義務がある。

(2) 水道事業者の給水区域内で水道水の供給を受けようとする住民には、その水道事業者以外の水道事業者を選択する自由はない。

(3) 水道事業者は、当該水道により給水を受ける者が料金を支払わないときは、供給規程の定めるところにより、その者に対する給水を停止することができる。

(4) 水道事業者は、事業計画に定める給水区域内の需要者から給水契約の申し込みを受けた場合には、いかなる場合であっても、これを拒んではならない。

解答 4

解説 水道事業者は、需要者から給水契約の申込みがあった場合、正当の理由がなければ、拒んではならない。すなわち、正当な理由があるときは、拒むことができる。

2

水道行政

水道法の規定に関する次の記述のうち、<u>不適当なものはどれか</u>。

(1) 水道事業者は、当該水道によって水の供給を受ける者の給水装置の構造及び材質が、政令で定める基準に適合していないときは、その基準に適合させるまでの間その者に対する給水を停止することができる。

(2) 給水装置の構造及び材質の基準は、水道法16条に基づく水道事業者による給水契約の拒否や給水停止の権限を発動するか否かの判断に用いるためのものであるから、給水装置が有するべき必要最小限の要件を基準化している。

(3) 水道事業者は、給水装置工事を適正に施行することができると認められる者の指定をしたときは、供給規程の定めるところにより、当該水道によって水の供給を受ける者の給水装置が当該水道事業者又は当該指定を受けた者（以下、「指定給水装置工事事業者」という。）の施行した給水装置工事に係るものであることを供給条件とすることができる。

(4) 水道事業者は、当該給水装置の構造及び材質が政令で定める基準に適合していることが確認されたとしても、給水装置が指定給水装置工事事業者の施行した給水装置工事に係るものでないときは、給水を停止することができる。

解答 4

解説 水道事業者は、当該給水装置の構造及び材質が政令で定める基準に適合していることが確認されたときは、給水装置が指定給水装置工事事業者の施行した給水装置工事に係るものでないときにおいても、**給水拒否等の措置を解除**する必要がある。

給水装置

□給水装置：配水管から分岐して設けられた**給水管**及びこれに**直結**する**給水用具**をいう（水道法第3条）

□配水管から分岐した給水管に直結する水道メーターは、給水装置に該当**する**

□他の給水装置から分岐して設けた給水管及び給水用具は、給水装置に該当**する**

□ビルなどで水道水を一旦受水槽に受けて給水する場合、

　▶配水管から分岐した給水管から受水槽への注入口までは、給水装置に該当**する**

　▶受水槽以降の給水栓、湯沸器等の給水用具は、給水装置に該当**しない**

□配水管から分岐された給水管に直結して温水洗浄便座や自動販売機を設置する工事は、給水装置工事に該当**する**

□配水管から分岐された給水管路の途中に設けられる弁類や湯沸器等は給水装置に該当**する**

□配水管から分岐された給水管路の末端に設けられる自動食器洗い機等は給水装置に該当**する**

□直結する給水用具：給水管から容易に取外しの**できない**構造で、**有圧**の給水栓などの給水用具をいう。**ホース**など、容易に取外しの**できる**状態で接続される器具は**含まれない**

2

水道行政

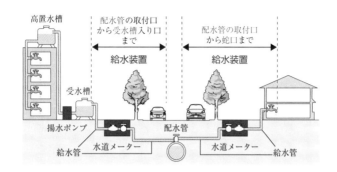

給水装置工事

☐ 給水装置工事：給水装置の**設置**又は**変更**の工事をいう（水道法第3条）

☐ 工事：**調査**、計画、施工、**検査**の一連の過程の全部又は一部をいう

☐ 給水装置工事には、次の工事がある

- **新設**工事：新たに給水装置を設置する工事
- **撤去**工事：給水装置を配水管や他の給水装置から取り外す工事
- **改造**工事：給水管の付替え、布設替え、水道メーター位置変更工事等
- **修繕**工事：給水装置の原形を**変えないで**給水装置を修理する工事

☐ **工場**内で給水管や給水用具を製造、設置することは、給水装置工事に該当**しない**

☐ 給水装置工事の費用は、原則として、新設、撤去、改造、修繕ともに**需要者**が負担する

給水装置工事の施行

☐ **水道施設**を損傷しないこと

☐ 需要者への**給水**に支障を生じないこと

☐ **水道水質**の確保に支障を生じたり、**公衆衛生**上の問題が起こったりしないこと

□当該給水装置以外の給水管などに接続しないこと

□水受け容器に給水する場合は給水管内への水の逆流を防止する措置を講じること

□材質が水道水の水質に影響を及ぼさないこと

□内圧、外圧に対して十分な強度を有していること

給水装置の軽微な変更

□単独水栓の取替え及び補修並びにこま、パッキン等給水装置の末端に設置される給水用具の部品の取替え（配管を伴わないものに限る）

例題1

平成29年 問題9

水道法に規定する給水装置及び給水装置工事に関する次の記述のうち、<u>不適当なもの</u>はどれか。

(1) 配水管から分岐された給水管に直結する水道メーターは、給水装置に該当する。

(2) 受水槽以降の給水管に設置する給水栓、湯沸器等の給水設備は給水装置に該当しない。

(3) 配水管から分岐された給水管に直結して温水洗浄便座を設置する工事は、給水装置工事に該当する。

(4) 配水管から分岐された給水管に直結して自動販売機を設置する工事は、給水装置工事に該当しない。

解答 4

解説 配水管から分岐された給水管に直結して自動販売機を設置する工事は、給水装置工事に該当する。

例題 2

給水装置に関する次の記述のうち、<u>不適当なもの</u>はどれか。

(1) 給水装置は、当該給水装置以外の水管などに接続しないこと、水受け容器に給水する場合は給水管内への水の逆流を防止する措置を講じること、材質が水道水の水質に影響を及ぼさないこと、内圧、外圧に対して十分な強度を有していること等が必要である。

(2) 給水装置は、水道事業者の施設である配水管から分岐して設けられた給水管及びこれに直結する給水用具によって構成される。よって、需要者が、他の所有者の給水装置から分岐承諾を得て設けた給水管及び給水用具は、給水装置には当たらない。

(3) 水道法で定義している「直結する給水用具」とは、給水管に容易に取外しのできない構造として接続し、有圧のまま給水できる給水栓等の給水用具をいい、ホースなど、容易に取外しの可能な状態で接続される器具は含まれない。

(4) ビルなどで一旦水道水を受水槽に受けて給水する場合には、配水管から分岐して設けられた給水管から受水槽への注入口までが給水装置であり、受水槽以下はこれに当たらない。

解答 2

解説 他の給水装置から**分岐**した給水管等も給水装置に**該当**する。

給水装置の検査

給水装置の検査

☐ **水道事業者**は、**日出後日没前**に限り、職員に、給水を受ける者の土地又は建物に立ち入り、給水装置を検査させることができる。ただし、人の住居に使用する建物等に立ち入るときは、**同意**を得なければならない

検査の請求

☐ 水の供給を受ける者は、**水道事業者**に対して、給水装置の検査及び**水質**検査を請求することができる

☐ **水道事業者**は、請求を受けたときは、すみやかに検査を行い、結果を請求者に**通知**しなければならない

検査の立会い

☐ 水道事業者は、給水装置の検査を行うときは、**指定給水装置工事事業者**に対し、**給水装置工事主任技術者**を検査に立ち会わせる**ことを求めることができる**

報告・資料の提出

☐ 水道事業者は、**指定給水装置工事事業者**に対し、給水区域において施行した給水装置工事に関し必要な報告又は資料の提出を**求めることができる**

2
水道行政

水道法に規定する給水装置の検査に関する次の記述のうち、不適当なものはどれか。

(1)　水道事業者は、日出後日没前に限り、その職員をして、当該水道によって水の供給を受ける者の土地又は建物に立ち入り、給水装置を検査させることができる。

(2)　水道事業によって水の供給を受ける者は、指定給水装置工事事業者に対して、給水装置の検査及び供給を受ける水の水質検査を請求することができる。

(3)　水道技術管理者は、水道技術管理者本人又はその者の監督の下、給水装置工事終了後に当該給水装置が給水装置の構造及び材質の基準に適合しているか否かの竣工検査を実施しなければならない。

(4)　水道事業者は、当該水道によって水の供給を受ける者の給水装置の構造及び材質が水道法の政令の基準に適合していないときは、供給規程の定めるところにより、その者への給水を停止することができる。

解答　2

解説　請求するのは、「指定給水装置工事事業者に対して」ではなく、「水道事業者に対して」である。

指定給水装置工事事業者制度

□指定は**水道事業者**ごとに行う。指定の**基準**は**全国一律**

□**水道事業者**は、水の供給を受ける者の給水装置の構造及び材質が**基準**に適合することを確保するため、**給水区域**において給水装置工事を適正に施行することができると認められる者の指定を**することができる**

□**水道事業者**は、**供給規程**の定めにより、水の供給を受ける者の給水装置が**指定給水装置工事事業者**の施行したものであることを**供給条件**とすることができる

□**水道事業者**は、水の供給を受ける者の給水装置が**水道事業者**又は**指定給水装置工事事業者**の施行したものでないときは、**供給規程**の定めにより、給水契約の申込みを**拒ん**だり、給水を**停止**したりすることができる。ただし、給水装置の**軽微な変更**であるときは、この限りでない

□**5 年**ごとに更新を受けなければ失効する

指定の基準 ▶3-2 参照

□**水道事業者**は、指定の申請をした者が適合していると認めるときは、指定を**しなければならない**

□適合条件は下記の通り

> ▸事業所ごとに、**給水装置工事主任技術者**として選任されることとなる者を置くこと

> ▸厚生労働省令で定める**機械器具**を有すること

> ▸次に該当しない者

> ・**成年被後見人**若しくは**被保佐人**又は**破産者**で復権を得ないもの

> ・水道法に違反して、刑の執行から日から **2 年**を経過しない者

> ・指定を取り消されてから **2 年**を経過しない者

> ・業務に関し**不正**又は**不誠実**な行為をするおそれがある者

□**水道事業者**は、指定をしたときは、遅滞なく、一般に**周知**させなければならない

指定の取り消し

水道事業者は、指定給水装置工事事業者が次に該当するときは、指定を取り消すことができる

- □ 指定の**基準**に適合しなくなったとき
- □ **給水装置工事主任技術者**の選任の規定に違反したとき
- □ **変更の届出**等をせず、又は虚偽の**届出**をしたとき
- □ 適正な給水装置工事の**事業**の**運営**をすることができないと認められるとき
- □ **給水装置工事主任技術者**の**立会い**の求めに対し、正当な理由なくこれに応じないとき
- □ **報告**又は**資料**の**提出**の求めに対し、正当な理由なくこれに応じず、又は虚偽の**報告**若しくは**資料**の**提出**をしたとき
- □ 施行する給水装置工事が**水道施設**の**機能**に障害を与え、又は与えるおそれが大であるとき
- □ **不正**の**手段**により指定を受けたとき

例題 1   令和元年 問題 7

指定給水装置工事事業者制度に関する次の記述のうち、<u>不適当</u><u>なもの</u>はどれか。

(1) 水道事業者による指定給水装置工事事業者の指定の基準は、水道法により水道事業者ごとに定められている。

(2) 指定給水装置工事事業者は、給水装置工事主任技術者及びその他の給水装置工事に従事する者の給水装置工事の施行技術の向上のために、研修の機会を確保するよう努める必要がある。

(3) 水道事業者は、指定給水装置工事事業者の指定をしたときは、遅滞なく、その旨を一般に周知させる措置をとる必要がある。

(4) 水道事業者は、その給水区域において給水装置工事を適正に施行することができると認められる者の指定をすることができる。

解答 1

解説 水道事業者による指定給水装置工事事業者の指定の基準は、水道法により**全国一律**に定められている。

| 例題2 | 平成24年 問題4 |

指定給水装置工事事業者と水道事業者に関する次の記述のうち、**不適当なもの**はどれか。

(1) 指定給水装置工事事業者制度とは、需要者の給水装置の構造及び材質が、水道法施行令に定める基準に適合することを確保するため、水道事業者が、その給水区域において給水装置工事を適正に施行することができると認められる者の指定をすることができる制度である。

(2) 水道事業者は、指定給水装置工事事業者が、給水装置工事の事業の運営に関する基準に従った適正な運営をすることが、将来できなくなると予想されるときは、指定の取消しができる。

(3) 水道事業者は、指定給水装置工事事業者の指定をしたときは、遅滞なく、その旨を一般に周知させる措置をとらなければならない。

(4) 水道事業者は、指定給水装置工事事業者に対し、当該指定給水装置工事事業者が給水区域において施行した給水装置工事に関し必要な報告又は資料の提出を求めることができる。

解答 2

解説 予想されるときではなく、**指定の基準**に適合しなくなったときは、指定を取り消すことができる。

2-9 指定給水装置工事事業者 (2)

給水装置工事主任技術者の選任 ▶3-2 参照

□指定給水装置工事事業者は、

- ▶事業所ごとに、給水装置工事主任技術者を選任しなければならない
- ▶給水装置工事主任技術者を選任・解任したときは、**水道事業者**に届け出なければならない
- ▶**指定を受けた日から2週間以内**に給水装置工事主任技術者を選任しなければならない

指定給水装置工事事業者変更の届出、廃止等の届出

□事業の変更は**30日以内**に、**水道事業者**に提出しなければならない

□事業を**廃止**又は**休止**したときは**30日以内**に、事業を**再開**したときは**10日以内**に、水道事業者に届出を提出しなければならない

指定給水装置工事事業者の運営の基準

□指定給水装置工事事業者は、**厚生労働省令**で定める給水装置工事の事業の運営に関する基準に従い、適正な給水装置工事の事業の運営に努めなければならない

□給水装置工事（軽微な変更を除く）ごとに、選任した給水装置工事主任技術者から**指名**すること

□配水管から分岐して給水管を設ける工事及び給水装置の**配水管への取付口**から**水道メーター**までの工事を施行する場合、**技能を有する**者を**従事**させるか、その者に**監督**させること

□水道事業者の**給水区域**において工事を施行するときは、**水道事業者の承認**を受けた工法、工期他の条件に適合するように施行すること

□給水装置工事主任技術者及び従事者の施行技術の向上のために、**研修の機会**を確保するよう努めること

□給水装置工事（軽微な変更を除く）ごとに、**指名**した**給水装置工事主任技術**者に記録を作成させ、**3年間**保存すること

▶3-3 参照

□適切に作業を行うことができる技能を有する者とは、分水栓の取付け、配水管の**穿孔**、給水管を分岐する作業及び分岐部から**水道メーター**までの作業について、**配水管**その他の地下埋設物に異常を生じさせることがないよう、適切な資機材、工法、防護方法を選択し、正確な**作業**を実施できる者をいう

指定給水装置工事事業者の責務

□**水道事業**者の要求があれば、

‣ **水道事業者**が行う検査に**給水装置工事主任技術**者を立ち会わせなければならない

‣ 給水装置工事に関し必要な**報告**又は**資料**の提出をしなければならない

□**水道事業**者が水道法に基づいて行う**監督**に服さなければならない

例題　　　　　　　　　　　　　　　平成28年　問題6

指定給水装置工事事業者（以下、本問においては「工事事業者」という。）制度に関する次の記述のうち、<u>不適当なもの</u>はどれか。

(1) 工事事業者の指定の基準には、「厚生労働省令で定める機械器具を有する者であること。」がある。

(2) 工事事業者の指定の基準は、地域の実情に応じて、指定を行う水道事業者ごとに定められている。

(3) 工事事業者は、水道事業者の要求があれば、工事事業者が施行した給水装置工事に関し必要な報告又は資料の提出をしなければならない。

(4) 水道事業者は、工事事業者が指定の基準に適合しなくなったときは、指定を取り消すことができる。

解答　2

解説　指定は**水道事業者**ごとであるが、指定の基準は**全国一律**である。

2-10 給水装置工事主任技術者

給水装置工事主任技術者の職務 ▶3-1 参照

☐ 給水装置工事に関する技術上の管理

☐ 給水装置工事に従事する者の技術上の指導監督

☐ 給水装置工事に係る給水装置の構造及び材質が基準に適合していることの確認

☐ 水道事業者との連絡調整

水道事業者との連絡調整

☐ 配水管から分岐して給水管を設ける工事の配水管の位置の確認に関する連絡調整

☐ 配水管から分岐して給水管を設ける工事及び給水装置の配水管への取付口から水道メーターまでの工事に係る工法、工期その他の工事上の条件に関する連絡調整

☐ 給水装置工事（軽微な変更を除く）を完了した旨の連絡

40

例題

水道法に定められている給水装置工事主任技術者の職務に関する次の記述のうち、<u>不適当なもの</u>はどれか。

(1)　給水装置工事に係る給水装置の構造及び材質が給水装置の構造及び材質の基準に適合していることの確認

(2)　給水管を配水管から分岐する工事を施行しようとする場合の配水管の布設位置の確認に関する水道事業者との連絡調整

(3)　水道メーターの下流側から給水栓までの工事を施行しようとする場合の工法、工期その他の工事上の条件に関する水道事業者との連絡調整

(4)　給水装置工事を完了した旨の水道事業者への連絡

解答 3

解説　給水装置工事主任技術者の職務に含まれるのは、水道メーターの下流側から給水栓まで（下図「二次側」）の工事ではなく、**配水管への取付口**から**水道メーター**まで（下図「一次側」）の工事である。

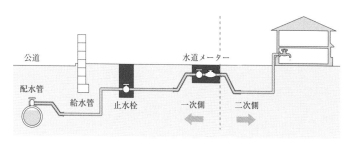

2-11 簡易専用水道

簡易専用水道

水道事業の用に供する水道及び**専用**水道**以外**の水道であって、**水道事業の用に供する水道から供給を受ける水のみ**を水源とし、水槽の有効容量の合計が 10m^3 を超えるものをいう

簡易専用水道の管理

□簡易専用水道の設置者は、**厚生労働省令**^{*1}（水道法施行規則第 55 条）で定める基準に従い、水道を管理しなければならない

□簡易専用水道の設置者は、毎年 1 回以上、地方公共団体の機関又は厚生労働大臣^{*2}の**登録**を受けた者の**検査**を受けなければならない

□簡易専用水道の設置者は、水槽の**掃除**を毎年 1 回以上定期に行うことと定められている

*1　2024年4月1日より国土交通省令。
*2　2024年4月1日より国土交通大臣及び環境大臣。

簡易専用水道の規制の変遷

□昭和 52（1977）年：水槽容量 20m^3 を超えるものを簡易専用水道として規制

□昭和 60（1985）年：簡易専用水道の対象が 10m^3 を超えるものに拡大

□平成 13（2001）年：水槽の規模によらず、建物内水槽を**貯水槽水道**と制定

例題

簡易専用水道の管理に関する次の記述の［　　　　］内に入る語句の組み合わせのうち、<u>適当なもの</u>はどれか。

簡易専用水道の［ ア ］は、水道法施行規則第55条に定める基準に従い、その水道を管理しなければならない。この基準として、［ イ ］の掃除を［ ウ ］以内ごとに1回定期に行うこと、［ イ ］の点検など、水が汚染されるのを防止するために必要な措置を講じることが定められている。

簡易専用水道の［ ア ］は、［ ウ ］以内ごとに1回定期に、その水道の管理について地方公共団体の機関又は厚生労働大臣の［ エ ］を受けた者の検査を受けなければならない。

	ア	イ	ウ	エ
(1)	設置者	水槽	1年	登録
(2)	水道技術管理者	給水管	1年	指定
(3)	設置者	給水管	3年	指定
(4)	水道技術管理者	水槽	3年	登録

解答 1

解説 本文参照

第 3 章

給水装置
工事事務論

※「建設業法」「労働安全衛生法」「建築基準法」については、
第 8 章「給水装置施工管理法」で解説をしています。

工事の施行

□給水装置工事主任技術者は、給水装置工事の事前調査において、**酸・アルカリ**に対する防食、**凍結**防止等の工事の必要性の有無を調べる必要がある

□配水管に給水管を接続する工事の施行は、**技能を有する**者に工事を行わせるか、**その者に実施に監督**させなければならない

➡給水装置工事主任技術者がしなければならない、わけではない

➡給水装置工事主任技術者がしてはいけない、わけではない

□道路下の工事の施行に際しては、水道管と同様に埋設してあるガス管、電力線及び電話線等の保安について、配慮が**求められる**

竣工検査

□竣工検査は、**自ら**又は**信頼できる現場の従事**者に指示することにより、確実に実施しなければならない

➡給水装置工事主任技術者がしなければならない、わけではない

➡給水装置工事主任技術者がしてはいけない、わけではない

技術上の指導監督（注意点）

□下記のような規定はない

➡× 従事者の技術的能力の**評価**を行い、指定給水装置工事事業者に**報告**しなければならない

➡× 指導監督を行うため、**給水装置工事主任技術者**が**自ら**工事の施行に従事してはならない

給水装置の基準適合

□施主から工事に使用する資機材を指示された場合、それらが基準に適合しないものであれば、**使用**できない理由を明確にして施主に**説明**しなければならない

➡基準に**適合**しないものを**使用**してはならない

水道事業者の検査の立会い

□ **水道事業者は、給水装置の検査を行うときは、指定給水装置
工事事業者**に対し、**給水装置工事主任技術者を検査に立ち会
わせることを求める**ことができる

➡ 水道事業者は必ず立会いを求め**なければならない、わけではな
い**

➡ 給水装置工事主任技術者は、求められない限り、**立会う必要は
ない**

例題 1

平成 27 年 問題 36 改題

給水装置工事における給水装置工事主任技術者（以下、本問に
おいては「主任技術者」という。）の職務に関する次の記述の<u>正
誤を答えなさい</u>。

ア 主任技術者は、給水装置工事の事前調査において、酸・ア
ルカリに対する防食、凍結防止等の工事の必要性の有無を調
べる必要がある。

イ 主任技術者は、施主から使用を指定された給水管や給水用
具等の資機材が、給水装置の構造及び材質の基準に関する省
令の性能基準に適合していない場合でも、現場の状況から主
任技術者の判断により、その資機材を使用することができ
る。

ウ 主任技術者は、道路下の配管工事について、通行者及び通
行車両の安全確保の他、水道以外のガス管、電力線及び電話
線等の保安についても配慮を求められる。

エ 主任技術者は、給水装置工事における適正な竣工検査を確
実に実施するため、自らそれにあたらなければならず、現場
の従事者を代理としてあたらせることはできない。

解答 ア：正 イ：誤 ウ：正 エ：誤

解説 イ：基準に適合していない資機材は**使用することはできない**。
エ：**信頼できる現場の従事者**に指示することにより、確実に実施させ
ることもできる。

例題 2

給水装置工事における給水装置工事主任技術者（以下、本問においては「主任技術者」という。）の職務に関する次の記述のうち、<u>不適当なものはどれか</u>。

(1) 主任技術者は、給水装置工事の事前調査において、酸・アルカリに対する防食、凍結防止等の工事の必要性の有無を調べる必要がある。

(2) 主任技術者は、施主から使用を指定された給水管や給水用具等の資機材が、給水装置の構造及び材質の基準に関する省令の性能基準に適合していない場合でも、現場の状況から主任技術者の判断により、その資機材を使用することができる。

(3) 主任技術者は、道路下の配管工事について、通行者及び通行車両の安全確保のほか、水道以外のガス管、電力線及び電話線等の保安について万全を期す必要がある。

(4) 主任技術者は、自ら又はその責任のもと信頼できる現場の従事者に指示することにより、適正な竣工検査を確実に実施しなければならない。

解答 2

解説 使用できない理由を明確にし、施主に説明しなくてはならない。

3-2 指定工事事業者の申請、主任技術者の選任

指定給水装置工事事業者の申請

- ☐ **水道事業者**ごとに指定の申請を行わなければならない
- ☐ 事業所の所在地は**水道事業者**の給水区域内で**なくてもよい**
- ☐ 申請書の記載事項
  - ▸ 事業者の氏名、名称、住所、代表者の氏名
  - ▸ 事業所の名称、所在地
  - ▸ 事業所に選任される**給水装置工事主任技術者**の**氏名**
  - ▸ **機械器具**の名称、性能及び数
- ☐ 指定の取消し ▶2-8 参照

  水道法により、**水道事業者**によって取り消される

3

給水装置工事事務論

給水装置工事主任技術者の選任 ▶2-9 参照

- ☐ 給水装置主任技術者の氏名、免状の交付番号に**変更**があった場合、**水道事業者**に届け出なければならない
- ☐ 選任した給水装置主任技術者が欠けた場合、**2週間**以内に選任しなければならない
- ☐ 職務上、支障がないときは、**同一**の給水装置工事主任技術者を**複数**の事業所で**選任**することが**できる**
- ☐ 給水装置工事主任技術者免状の返納

  水道法により、**厚生労働大臣***に返納を命じられる。返納を命じられた場合、**指定給水装置工事事業**者の**給水装置工事主任技術者の選任**は効力を失う
- ☐ 指定工事事業者は、**事業所**ごとに**複数**の給水装置工事主任技術者を選任することができる

* 2024年4月1日より国土交通大臣及び環境大臣。

指定給水装置工事事業者（以下、本問においては「工事事業者」
という。）による給水装置工事主任技術者（以下、本問において
は「主任技術者」という。）の選任に関する次の記述のうち、<u>不
適当なもの</u>はどれか。

(1)　主任技術者は、給水装置工事を適切に行わず、水道法に違
　　反したときは、厚生労働大臣から主任技術者の免状の返納
　　を命じられることがある。この場合、工事事業者が行った当
　　該主任技術者の選任は効力を失うことになる。

(2)　工事事業者は、選任した主任技術者が欠けるに至った場
　　合、新たな主任技術者を選任しなければならないが、その選
　　任の期限は特に定められていない。

(3)　工事事業者の指定を受けようとする者が提出する申請書
　　の記載事項には、それぞれの事業所において選任されるこ
　　ととなる主任技術者の氏名も含まれる。

(4)　工事事業者は、給水装置工事の事業を行う事業所ごとに、
　　主任技術者を選任しなければならない。

【解答】　2

【解説】　新たな主任技術者の選任は、2 週間以内に行わなければならな
い。

3-3 給水装置工事の記録

給水装置工事の記録

□指定給水装置工事事業者は、施行した給水装置工事（給水装置の**軽微な変更**を除く）ごとに、**指名**した**給水装置工事主任技術者**に次の事項の記録を作成させ、**作成の日**から３年間保存する

□記録することは下記のとおり
- 施主の氏名又は名称
- 施行の場所
- 施行完了年月日
- **給水装置工事主任技術者の氏名**
- 竣工図
- 給水装置工事に使用した給水管及び給水用具に関する事項
- 基準に適合していることの**確認の方法**及びその結果

記録に関する事項

□給水装置工事の記録については、特に様式が定められて**いない**

□電子記録などの方法で作成、保存してもよい

□工事の**申請書**に記録事項が記載されていれば、**申請書の写し**を記録としてもよい

□**指名**された**給水装置工事主任技術者**の指導監督下で、**他の従業員が作成してもよい**

□結果のみではなく、**確認の方法**についても記録しなければならない

□末端給水用具の部品の取替え（**配管を伴わないもの**に限る）などの**軽微な変更**について、記録する必要は**ない**

□**指名**された**給水装置工事主任技術者**の氏名を記録する

□提出は**義務付けられていない**
➡「**水道事業者**は、指定給水装置工事事業者に対し、給水装置工事に関し必要な報告又は資料の提出を求め**ることができる**」と規定されている

例題

給水装置工事に係る記録の作成、保存に関する次の記述の正誤の組み合わせのうち、適当なものはどれか。

ア　指定給水装置工事事業者は、施行した給水装置工事に係る記録を作成し、5 年間保存しなければならない。

イ　給水装置工事の記録については、水道事業者に給水装置工事の施行を申請したときに用いた申請書に記録として残すべき事項が記載されていれば、その写しを記録として保存してもよい。

ウ　給水装置工事の記録の作成は、指名された給水装置工事主任技術者が行うことになるが、給水装置工事主任技術者の指導・監督のもとで他の従業員が行ってもよい。

エ　給水装置工事の記録については、電子媒体のみで保存することは認められていない。

	ア	イ	ウ	エ
(1)	誤	正	正	誤
(2)	正	誤	誤	正
(3)	正	正	誤	誤
(4)	誤	誤	正	正

解答　1

解説　ア：3 年間保存しなければならない。エ：電子媒体で保存することも認められている。

3-4 性能基準の適合と認証

基準適合品

- □ 基準適合品を使用すれば、自動的に給水装置が基準に適合するとは限らない
- □ 輸入品は、ISO の基準を満たしていても、**給水装置性能基準**に適合している必要がある
- □ JIS 規格品は、**給水装置性能基準**と同等以上の場合、適合品として使用できる
- □ 所轄省庁は、基準適合に関する「**給水装置データベース**」を構築している
- □ 給水装置データベースとは、製品ごとの**性能**基準への**適合**性に関する情報が**全国**的に利用でさるものである
- □ 給水装置データベースでは、基準に適合した製品名、製造業者名、**基準適合の**内容等に関する情報を集積し、**基準適合性**の証明方法に関する情報も掲載されている
- □ 給水装置データベースに掲載されている情報は、製造業者等の**自主**情報に基づくものであり、内容についてはその**情報提供者**が一切の責任を負うことになっている
- □ 所轄省庁の給水装置データベースのほかに、**第三者認証**機関のホームページにおいても、基準適合品の情報提供サービスが行われている

認証

- □ 基準適合品の証明方法には、**自らの責任で証明する自己**認証と、**第三者**機関に証明を依頼する**第三者**認証がある
- □ 自己認証
  - ‣ **設計**段階と**製造**段階での証明が必要である
  - ‣ 自らの資料・データ**のほかに**、試験機関に委託した資料・データ**も用いられる**
  - ‣ 証明書は、**製品**ごとに、**指定給水装置工事事業者**、**水道事業者**等に**提出**される

3

給水装置工事事務論

53

□第三者認証
  ▸ **中立**的な**第三者**機関が、**試験**を行い、基準適合品として**登録・表示**する
  ▸ **水道事業**者は**中立**的な**第三者**機関ではない
□給水装置に使用する機器材料で、構造・材質基準に関する省令を**包含**する日本産業規格（JIS 規格）や日本水道協会規格（JWWA 規格）等の団体規格の製品であれば、第三者認証あるいは自己認証は**不要**である

例題　　　　　　　　　　　　　　令和元年 問題 40 改題

給水装置工事の構造及び材質の基準に関する省令に関する次の記述のうち、<u>不適当なもの</u>はどれか。

(1) 所轄省庁の給水装置データベースのほかに、第三者認証機関のホームページにおいても、基準適合品の情報提供サービスが行われている。

(2) 給水管及び給水用具が基準適合品であることを証明する方法としては、製造業者等が自らの責任で証明する自己認証と製造業者等が第三者機関に証明を依頼する第三者認証がある。

(3) 自己認証とは、製造業者が自ら又は製品試験機関等に委託して得たデータや作成した資料によって行うもので、基準適合性の証明には、各製品が設計段階で基準省令に定める性能基準に適合していることの証明で足りる。

(4) 性能基準には、耐圧性能、浸出性能、水撃限界性能、逆流防止性能、負圧破壊性能、耐寒性能及び耐久性能の 7 項目がある。

解答 3
解説 設計段階とともに**製造段階**においても、性能基準に適合していることの証明が必要である。

3-5 給水装置工事の届出、審査 学習 /

給水装置工事の承認・届出
給水条例等に、次のように定められている場合がある

□給水装置工事の承認

給水装置の**新設**、配水管・他の給水装置からの**分岐部分**・量水器の取付け部分の給水管の**口径**の**変更**

➡あらかじめ水道事業者に申し込み、**承認**を受けなければならない

□給水装置工事の届出

給水装置の**新設**、**改造**、**修繕**又は**撤去**

➡その工事完了後直ちに、水道事業者に**届け出**なければならない

給水装置の設計審査・工事検査
給水条例等に、次のように定められている場合がある

□給水装置工事の**着手前**に、水道事業者の**設計審査**を受けなければならない

□次に掲げるときに、水道事業者の**工事検査**を受けなければならない

  ›配水管に給水管を**取り付け**、又は配水管から給水管を**撤去**したとき

  ›工事が**完了**したとき

設計審査の内容
設計審査の内容は、次のとおりである

□給水管**取出し**箇所、**取出し口径**の適否

□配水管の分岐から**水道メーター**までの工法の適否

□止水栓及び**水道メーター**の設置位置

□**逆流防止装置**の設置位置、吐水口空間の確保

□**直結加圧形ポンプユニット**の口径、揚程、出力、設置場所等

□受水槽の設置場所

3 給水装置工事事務論

55

工法の指定

□配水管の分岐から**水道メーター**までの工法を、水道事業者が指定している場合がある

工事の瑕疵担保責任

□適正な施工が確保されており、施工に起因した事故でなければ、瑕疵担保責任は**ない**

例題　　　　　　　　　　　　　　　　　　平成22年 問題38

給水装置工事に関する次の記述のうち、設計審査の内容として<u>適当な組み合わせのものはどれか</u>。

ア　給水管取出し箇所及び取出し口径の適否

イ　止水栓及び水道メータの設置位置

ウ　交通誘導員の配置

エ　逆流防止装置の設置位置、吐水口の位置

オ　受水槽以下配管の構造及び材質

カ　直結加圧形ポンプユニットの設置場所

(1)　アイウエ

(2)　アイエカ

(3)　アウオカ

(4)　イエオカ

解答　2

解説　ウの「交通誘導員の配置」とオの「受水槽以下配管の構造及び材質」は、設計審査の内容には含まれない。

第 **4** 章

給水装置
工事法

4-1 配水管から給水管の分岐

分岐の方法

- □ 管種、口径に応じた**サドル**付分水栓、分水栓、**割**Ｔ字管、チーズ、Ｔ字管を用いる
- □ **不断水工法**：分水栓、**サドル付分水栓**、**割**Ｔ字管
- □ **断水工法**：Ｔ字管、チーズ
- □ **甲形**分水栓などの分水栓は、漏水防止のため、ねじ山数３山以上もみ込む
- □ 硬質**ポリ塩化ビニル**管及び**ポリエチレン**二層管からの分岐は、配水管の**折損**防止のため、**サドル付分水栓**を用いる
- □ 水道配水用**ポリエチレン**管の分水栓には、サドル付分水栓、分水**電気**融着サドル、分水栓付**電気**融着サドルが用いられる

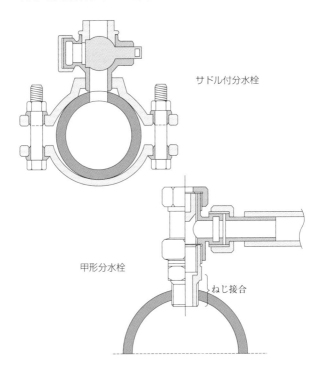

サドル付分水栓

甲形分水栓

ねじ接合

割T字管

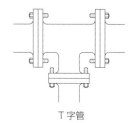

T字管

分岐の位置

☐ 他の給水管の分岐部から **30cm** 以上離す

☐ 配水管の継手部の端面から **30cm** 以上離す

☐ 配水管の**直管**部からとし、曲がり部等の**異形管**部及び**継手**部から分岐してはならない

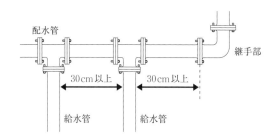

作業管理

☐ ガス管等から誤分岐しないよう、明示テープ、試験**掘削**等により、配水管であることを確認する

→ 電動ドリルで試験**穿孔**してはならない

☐ **不断水**分岐作業後、**水質**確認（**残留塩素**、におい、**色**、濁り、味）を行う

水道事業者との協議、確認

☐ 配水管を**切断**するT字管、チーズ等による場合は、**断水**に伴う需要者への広報等に時間を要するので、余裕を持って水道事業者と協議する

☐ 配水管の**分岐**から**止水栓**までの給水装置

- ▸ **水道事業者**が、**管径**を限定している場合があるため、事前協議する
- ▸ **水道事業者**が、材料、工法について**指定**している場合があるため、確認が必要である

配水管からの給水管分岐に関する次の記述の正誤の組み合わせのうち、<u>適当なものはどれか</u>。

ア　配水管への取付け口における給水管の口径は、当該給水装置による水の使用量に比し、著しく過大でないようにする。

イ　配水管から給水管の分岐の取出し位置は、配水管の直管部又は異形管からとする。

ウ　給水管の取出しには、配水管の管種及び口径並びに給水管の口径に応じたサドル付分水栓、分水栓、割T字管等を用い、配水管を切断しT字管やチーズ等による取出しをしてはならない。

エ　配水管を断水して給水管を分岐する場合の配水管断水作業及び給水管の取出し工事は水道事業者の指示による。

```
       ア     イ      ウ      エ
(1) 誤 ── 誤 ── 正 ── 誤
(2) 正 ── 誤 ── 正 ── 誤
(3) 誤 ── 正 ── 誤 ── 正
(4) 正 ── 誤 ── 誤 ── 正
```

解答 4

解説 イ：配水管から給水管の分岐の取出し位置は、**配水管の直管部**からとする。異形管から分岐してはならない。ウ：給水管の取出しには、配水管を切断しT字管やチーズ等によることもある。ただし、この場合は**配水管の断水**が伴う。

サドル付分水栓（ダクタイル鋳鉄管の場合）の取付け手順

①配水管の清掃→②サドル付分水栓の取付け→③穿孔→
④コアの取付け→⑤給水管の接続

①配水管の清掃

□取付け位置を確認し、土砂等を**ウエス**などで除去し、配水管の管肌を清掃する

□配水管が**ポリエチレンスリーブ**被覆されている場合は、取付け位置の中心から **20cm** 程度離れた位置を切り開いて折り返し、配水管の管肌を露出させる

②サドル付分水栓の取付け

□弁体の**全開**状態、パッキンの装着、塗装面やねじ等の傷などを確認する

□配水管の**管軸頂部**にサドル付分水栓の**中心線**がくるように取り付け、給水管の取出し方向、サドル付分水栓の傾きがないことを確認する

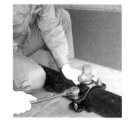

□取付け位置を変えるときは、ガスケット、パッキン保護するため、分水栓を**持ち上げて**移動させ、配水管に**沿って**移動させない

□**ボルトナット**は、全体に均一に締め付ける

4
給水装置工事法

③穿孔

- □ ドリルは、モルタルライニング管用とエポキシ樹脂粉体塗装管用で**形状**が異なるので、口径、内面ライニングに合ったドリルを取り付ける
- □ 分水栓の**頂部**に穿孔機を静かに載せ、袋ナットを締付けて分水栓と一体となるように固定する

- □ 分水栓の吐水部へ排水ホースを連結させ、切粉を下水溝等へ排水**しない**ように、排水ホースの先端は**バケツ**へ導く
- □ カッターが押し切りタイプの場合、排水ホースは**不要**
- □ 刃先が管面に接するまでハンドルを静かに回転させて穿孔を開始し、最初はドリルの芯がずれないように**ゆっくり**とドリルを下げる
- □ 穿孔中はハンドルの回転が**重く**感じられる。穿孔の終了に近づくとハンドルの回転は**軽く**感じられるが、最後まで回転させ、完全に穿孔する
- □ **電動**穿孔機は、使用中に整流ブラシから**火花**を発し、また、スイッチの ON・OFF 時にも**火花**を発するので、ガソリン、シンナー、ベンジン、都市ガス、LP ガス等引火性の危険物が存在する環境の場所では絶対に使用しない

④コアの取付け

- □ 防食のため、**水道事業者**が指定する防食コアを装着する
- □ 挿入機は製造業者及び機種等で**異なり**、扱い方も**異なる**
- □ 防食コアは**非密着**形と**密着**形がある
- □ ストレッチャ（コア挿入機のコア取付け部）にヘッドを取り付け、ヘッドにコアを差し込む。**非密着**形の場合は固定ナットで軽く止め、**密着**形の場合は製造業者の取扱説明書に従う

⑤給水管の接続

□分岐作業終了後、サドル付分水栓に給水管を接続する

電気融着式サドル（EF サドル）の取付け

電熱により融着するもので、**水道配水用ポリエチレン管**に同材質のサドルを取付ける場合に用いられる

□配水管を清掃する

□融着する箇所にサドルより
　ひと回り**大きく**、配水管の
　切削面に**マーキング**を施す

□**スクレーパー**を用いて**マー
　キング内**の配水管の表面を
　切削する

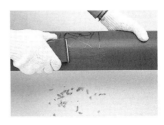

□ 配水管の切削面とサドル内面を、**エタノール**または**アセトン**を浸みこませたペーパータオルで清掃する。必ず**素手**で行う

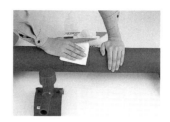

□ **クランプ**を用いて配水管にサドルを固定する

□ **コントローラー**とサドルを接続し、**コントローラーの**スイッチを入れて、電気融着する

□ **冷却**後、専用工具により穿孔を行う。**押し切りタイプ**のカッターが**内蔵**されているものは、キャップを外して工具を用いて穿孔を行い、穿孔後、カッターを**元の位置に戻す**

□ キャップを取付ける

割 T 字管の取付け

□配水管の管軸**水平**部にその中心がくるように取付け、給水管
　の取出し方向及び割 T 字管が管**水平**方向から見て、傾きが
　ないか確認する

平成 28 年 問題 12

水道配水用ポリエチレン管からの分岐穿孔(せんこう)に関する次の記述の
うち、<u>不適当なもの</u>はどれか。

（1）　水道配水用ポリエチレン管にサドル分水栓を取付ける場
　　　合には、サドルが管と同じ材質で電気融着によって固定す
　　　るものもある。

（2）　分水 EF サドル及び分水栓付 EF サドルを取付ける場合
　　　は、管の切削面と取付けるサドル内面全体に、潤滑剤を浸み
　　　こませたペーパータオルでむらがないように潤滑剤を塗布
　　　する。

（3）　穿孔機は、手動式で、カッターは押し切りタイプと切削タ
　　　イプがある。穿孔機のカッターが押し切りタイプの場合に
　　　は、排水ホースの取付けは不要である。

（4）　分水 EF サドルの場合には、押し切りタイプのカッター
　　　が内蔵されているので、キャップを外し、工具を用いて穿孔
　　　を行い、カッターをもとの位置まで戻しキャップを取付け
　　　る。

解答　2

解説　潤滑剤を塗布するのではなく、**アルコール**または**アセトン**で清
掃する。

4

給水装置工事法

水道メーターの設置位置

□原則として、**道路境界線**に最も近接した**宅地**内に設置する
➡漏水検知のため、給水管分岐部に最も**近接**した**宅地**内とする

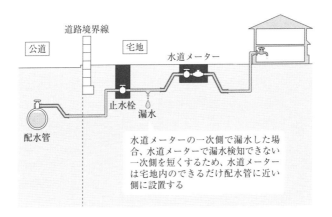

道路境界線

公道　宅地　水道メーター

配水管　止水栓　漏水

水道メーターの一次側で漏水した場合、水道メーターで漏水検知できない一次側を短くするため、水道メーターは宅地内のできるだけ配水管に近い側に設置する

□一般的には**地中設置**。場合によっては**地上設置**も必要である
➡必ず**地中**に設置しなければならないわけではない

□遠隔指示装置は、**検針**や**維持管理**が容易に行える場所に設置する

□水道メーターを地中に設置する場合は、メーター**ます**又はメーター**室**の中に入れ、埋没や外部からの衝撃から防護するとともに、その**位置**を明らかにしておく

□水道メーターを集合住宅の配管スペース内等、外気の影響を受けやすい場所へ設置する場合は、**凍結**するおそれがあるので**発泡スチロール**等でカバーを施す等の**防寒**対策が必要である

水道メーターの設置方向

□流水方向の**矢印**を確認する。逆方向に取り付けると**正規の計量を表示**しない

□計量精度や耐久性を低下させることのないよう**水平**に取り付ける

地中設置のメーターます

□呼び径 **50**mm 以上の水道メーターの場合は、ブロック、コンクリート、鋳鉄製等で、上部に**鉄蓋**を設置した構造のメーターますとする

□**13〜40**mm の場合は、鋳鉄、**プラスチック**、コンクリート製等のメーターますとする

ユニット

□メーターユニット
メーターの**着脱**が容易である。**各戸**メーターに多用されている

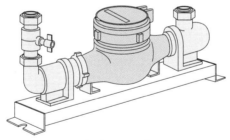

メーターユニット

□メーターバイパスユニット

メーター取替え時の**断水**を回避できる。止水すると即断水する**直結**式給水方式の**親**メーターなどに用いられる

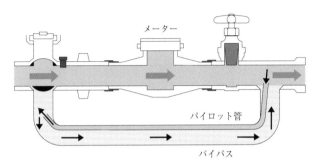

メーターバイパスユニット（通常使用時）

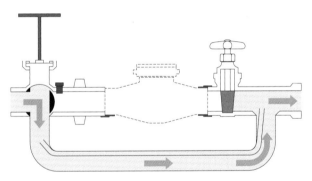

メーターバイパスユニット（メーター交換時）

水道メーターの設置に関する次の記述の正誤の組み合わせのうち、適当なものはどれか。

ア　水道メーターの設置は、原則として家屋に最も近接した宅地内とし、メーターの計量や取替作業が容易で、かつ、メーターの損傷、凍結等のおそれがない位置とする。

イ　水道メーターは、集合住宅の配管スペース内に設置される場合を除き、いかなる場合においても損傷、凍結を防止するため地中に設置しなければならない。

ウ　集合住宅等に設置される各戸メーターには、検定満期取替え時の漏水事故防止や取替えを容易にしたメーターユニットがある。

エ　集合住宅等の複数戸に直結増圧式などで給水する建物の親メーターや直結給水の商業施設等においては、水道メーター取替時に断水による影響を回避するため、メーターバイパスユニットを設置する方法がある。

```
        ア       イ       ウ       エ
(1) 誤───誤───正───正
(2) 正───正───誤───誤
(3) 誤───誤───誤───正
(4) 誤───正───誤───正
```

解答　1

解説　ア：家屋ではなく、道路境界線に最も近接した**宅地内**とする。
イ：場合によっては地上に設置することも必要である。

4-4 給水管の埋設

給水管の埋設深さ（管路頂部と路面との距離）

- □ 道路法に、1.2m（やむを得ない場合 0.6m）を超えることと規定
- □ 規定値まで取れない場合は、**道路管理**者と協議し、**防護**措置を施す
- □ **宅地**内においては、荷重、衝撃等を考慮し 0.3m 以上を標準とする

給水管の浅層埋設

- □ 掘削発生土の削減、路上工事期間の短縮等のため、埋設深さを浅くした施工方法
- □ 埋設深さ（管路頂部と路面との距離）
  車道部：舗装厚さ＋ 0.3m 超、かつ 0.6m 以下としない
  歩道部：舗装厚さ＋ 0.3m 超、かつ 0.5m 以下としない
- □ 浅層埋設の適用対象
  鋼管：口径 300mm 以下
  ダクタイル鋳鉄管：口径 300mm 以下
  硬質ポリ塩化ビニル管：口径 300mm 以下
  水道配水用ポリエチレン管：口径 200mm 以下で、
  外径／厚さ＝ 11 のもの
- □ 各都市の**道路管理**者の埋設深さは、地域の実情に合わせて一定の基準を設けている
- □ 浅層埋設適用対象の使用は、**道路管理**者に確認のうえ、埋設深さを可能な限り**浅く**する

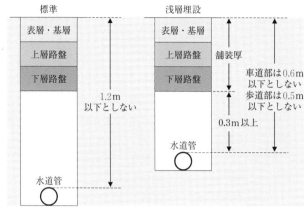

標準　　　　　　　　浅層埋設

表層・基層	表層・基層
上層路盤	上層路盤
下層路盤	下層路盤

舗装厚

車道部は0.6m
以下としない
歩道部は0.5m
以下としない

1.2m
以下としない

0.3m以上

水道管

水道管

埋設の深さ

土工事

□掘削は、**道路管理者**の道路**占用**許可、**警察署**の道路**使用**許可
の条件を遵守して行う

□道路を縦断して埋設する場合は、他の埋設物への影響・離隔
に注意し、**道路管理者**が許可した**占用**位置に配管する

□掘削深さ **1.5**m を超える場合は、勾配を確保するか**土留工**
を施す

□掘削深さ **1.5**m 以内でも、自立性に乏しい地山は、勾配を
確保するか**土留工**を施す

□埋戻しは、厚さ **30**cm（路床部は **20**cm）を超えない層ご
とに締め固める

□道路以外の埋戻しも、厚さ **30**cm を超えない層ごとに締め
固める

□**道路管理者**の指示に従い、埋戻し後速やかに**本復旧**を行う

□**本復旧**が困難なときは、**道路管理者**の承諾を得て**仮復旧**を行
う

例題

給水管の埋設深さ及び占用位置に関する次の記述のうち、<u>不適当なものはどれか</u>。

(1) 道路を縦断して給水管を埋設する場合は、ガス管、電話ケーブル、電気ケーブル、下水道管等の他の埋設物への影響及び占用離隔に十分注意し、道路管理者が許可した占用位置に配管する。

(2) 浅層埋設は、埋設工事の効率化、工期の短縮及びコスト縮減等の目的のため、運用が開始された。

(3) 浅層埋設が適用される場合、歩道部における水道管の埋設深さは、管路の頂部と路面との距離は 0.3m 以下としない。

(4) 給水管の埋設深さは、宅地内にあっては 0.3m 以上を標準とする。

解答 3

解説 浅層埋設が適用される場合、歩道部における水道管の埋設深さは、管路の頂部と路面との距離は 0.5m 以下としない。

4-5 給水管の明示

給水管の明示

- □ **道路**部分の口径 **75**mm 以上の給水管には、テープなどにより管を明示し、埋設物の名称、管理者、埋設年度を表示しなければならない

- □ 水道管の明示テープは、**道路法**により、次のように定められている

  地色：**青**

  文字：**白**

- □ 明示シートは、**水道事業者**の指示による管頂部上方の所定の深さに、**連続**的に布設する

- □ **宅地**部分の給水管は、維持管理上必要な場合、**明示杭**等により位置を明示する

- □ **宅地**部分において維持管理上明示する必要がある場合、布設時に**オフセット**を測定し、将来的に布設位置が不明とならないようにする

- □ **オフセット**

  給水管の布設位置を明確にするために、道路角等、容易に変更されない箇所を起点として、そこからの距離を明示したもの

平成 28 年 問題 13

給水管の明示に関する次の記述のうち、<u>不適当なものはどれ</u>
<u>か</u>。
(1) 道路部分に布設する口径 75mm 以上の給水管には、埋設
管明示テープなどにより管を明示し、明示テープには埋設
物の名称、管理者、埋設年度を表示しなければならない。
(2) 埋設管明示テープの地色は、各道路管理者により定めら
れており、その指示に従い施工する必要がある。
(3) 明示シートと管頂の離れは、各水道事業者の指示による。
(4) 宅地部分に布設する給水管の位置については、維持管理
上必要がある場合は、明示杭等によりその位置を明示する。

解答 2
解説 埋設管明示シートの地色は、**道路法**により定められている。

平成 24 年 問題 19

給水管の明示に関する次の記述のうち、<u>適当なものはどれか</u>。
(1) 道路部分に布設する全ての給水管には、明示テープ、明示
シート等により管を明示しなければならない。
(2) 埋設管明示テープの地色は、道路管理者ごとに定められ
ており、その指示に従い施工する必要がある。
(3) 埋設管明示シートは、管頂部上方の所定の深さに、任意の
間隔をあけて断続的に布設する。
(4) 宅地部分においては、維持管理上明示する必要がある場
合、布設時に管路及び止水用具のオフセットを測定し、将来
的に布設位置が不明とならないようにする。

解答 4
解説 (1) 口径 75mm 以上の給水管には、明示テープ、明示シート
等により明示する。(2) **道路法**により定められている。(3) **連続的**に
布設する。

4-6 給水管の配管

学習 /

配管工事

- □ 工事の中断中や終了後には、プラグなどで栓をし、汚水の流入を防止する
- □ 露出配管は管内水圧に、埋設配管は管内水圧、土圧、輪荷重その他の外圧に対する強度を確保するため、適切な管厚のものを選定する
- □ 不断水分岐工事は、水道事業者が認めている分岐口径の範囲内での工法とする

配管ルート

- □ 将来の取替え、漏水修理等の維持管理を考慮し、できるだけ直線に配管する
- □ サンドブラスト現象防止のため、他の埋設管と 30cm 以上離す
- □ 水路等を横断する場所は、水路等の下に配管する。やむを得ず水路等の上に設置する場合には、高水位以上の高さに設置し、かつ、さや管等による防護措置を講じる
- □ 宅地内の主配管は、家屋の基礎の外回りに布設する。やむを得ず構造物の下を通過させる場合は、さや管の中に配管する

支持固定・防護

- □ 柱や壁等に配管する場合は、支持金具により適切な間隔（1〜2m）で建物に固定する
- □ 基礎や壁を貫通させる場合は、貫通部に配管スリーブを設け、スリーブとの間隙を弾性体で充填し、管の損傷を防止する

4

給水装置工事法

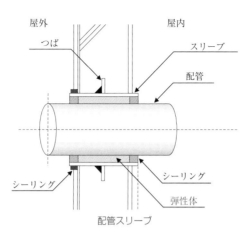

屋外　　　　　　　　　　屋内

つば　　　　　　　　　　　スリーブ

配管

シーリング　　　　　　　シーリング

弾性体

配管スリーブ

□水圧、水撃作用等により管が**離脱**するおそれのある場所には、**離脱**防止措置を講じる

□**地震力**に対応するために、分岐部や接続部等に**伸縮可とう**継手等を使用する

止水栓

□災害時等の早期復旧を図ることから、止水栓は**道路境界**付近に設置する

□配水管から分岐して最初の止水栓は、宅地内の水道メーターの上流に設置する

□止水栓は、メーターます又は専用の止水栓**きょう内**に収納する

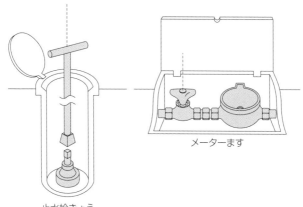

止水栓きょう

メーターます

□**地**階あるいは2階以上に配管する場合は、**各**階ごとに止水栓を設置する

弁

□行き止まり配管の先端、上越し部、鳥居配管等、**空気溜まり**を生じるおそれがある場所には、**空気**弁を設置する

□高水圧を生じるおそれのある場所には**減圧**弁を設置する

□貯湯湯沸器には、**減圧**弁及び**安全**弁（**逃し**弁）を設置する

さや管ヘッダ工法

□**床下**にヘッダを設置し、**床**に点検口を設けるのが一般的である

□ヘッダ部分を**屋外**に設置し、**床下**での接続をなくした工法もある

□**架橋ポリエチレン**管、**ポリブテン**管が使用されている

例題

給水管の配管に関する次の記述の正誤の組み合わせのうち、<u>適当なものはどれか。</u>

ア　給水管は、露出配管する場合は管内水圧に対し、地中埋設する場合は管内水圧及び土圧、輪荷重その他の外圧に対し十分な強度を有していることが必要である。

イ　不断水による分岐工事に際しては、水道事業者が認めている配水管口径に応じた分岐口径を超える口径での分岐等、配水管の強度を上げるような分岐工法とする。

ウ　高水圧に対応するためには、分岐部や埋設深度が変化する部分及び地中埋設配管から建物内の配管との接続部にも、伸縮可とう性のある管や継手を使用することが望ましい。

エ　配水管の取付口から水道メーターまでの使用材料等については、地震対策並びに漏水時及び災害時等の緊急工事を円滑かつ効率的に行う観点から、水道事業者が指定している場合が多いので確認する。

	ア	イ	ウ	エ
(1)	誤	誤	正	誤
(2)	誤	正	誤	正
(3)	正	誤	誤	正
(4)	正	誤	正	誤

解答 3

解説 イ：水道事業者が認めている分岐口径の**範囲内**での工法とする。ウ：高水圧ではなく、**地震力**に対応するために、伸縮可とう性のある管や継手を使用することが望ましい。

硬質塩化ビニルライニング鋼管

- □ 鋼管の内面に硬質塩化ビニルをライニングした管
- □ 機械的強度が大きく、耐食性に優れている
- □ 耐熱性硬質塩化ビニルライニング鋼管は、耐熱性硬質塩化ビニルをライニングした管で、連続使用許容温度は85℃以下である
- □ 有機溶剤、ガソリン、灯油等により劣化するので、接触させてはならない

ステンレス鋼鋼管

- □ 鋼管と比べ、耐食性に優れている
- □ 強度的に優れ、軽量化により取扱いが容易である
- □ 波状ステンレス鋼管
  - ▶ 変位吸収性を有しているため耐震性に富む
  - ▶ 任意の角度を形成でき、継手が少なくてすみ配管施工が容易である

銅管

- □ 硬質銅管と軟質銅管があり、軟質銅管は現場での手曲げが可能である
- □ 硬質銅管は曲げ加工は行わない。軟質銅管の曲げ加工は、専用パイプベンダーを用いて行う
- □ 軽量で柔軟性があり、耐寒性能があることから寒冷地に多用されている
- □ アルカリに侵されず、スケールの発生も少ない
- □ 耐食性に優れているが、遊離炭酸が多い水には適さない

ダクタイル鋳鉄管

- □ 靭性に富み、衝撃に強く、強度及び耐久性に優れている
- □ 異形管の接合箇所には原則、管防護を要する

硬質ポリ塩化ビニル管

- □ 難燃性であるが、熱及び衝撃には比較的**弱い**
- □ 管に**傷がつく**と破損し易くなるため、**外傷**を受けないようにする
- □ **引張強さ**が比較的大きく、**耐食**性があり、特に**耐電食**性が大である
- □ **直射日光**により劣化する
- □ 温度による伸縮量が**大きい**ため、配管方法により伸縮を**吸収**する必要がある
- □ **耐熱**性硬質ポリ塩化ビニル管は、**90**℃以下の給湯配管に使用できる
- □ **有機溶剤、ガソリン、灯油**等により劣化するので、接触させてはならない

ポリエチレン二層管、架橋ポリエチレン管

- □ ポリエチレン二層管は、現場での生曲げ配管が可能である
- □ 架橋ポリエチレン管は、
  - ‣ **耐熱**性、**耐寒**性及び**耐食**性に優れ、軽量で柔軟性に富む
  - ‣ 管内に**スケール**が付きにくく、流体抵抗が**小さい**
  - ‣ **有機溶剤、ガソリン、灯油**等により劣化するので、接触させてはならない

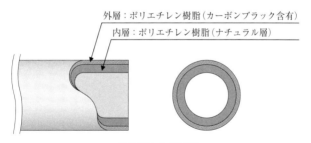

外層：ポリエチレン樹脂（カーボンブラック含有）
内層：ポリエチレン樹脂（ナチュラル層）

ポリエチレン二層管

ポリブテン管

- □ 高温時でも高い強度を持ち、**温水**用配管に適している
- □ 傷がつきやすく、取扱いに注意が必要である
- □ 熱膨張による**破裂**防止のため、使用圧力に応じ**減圧弁**を考慮する必要がある
- □ **有機溶剤、ガソリン、灯油**等により劣化するので、接触させてはならない

水道配水用ポリエチレン管

- □ 高密度ポリエチレン樹脂を主材料とした管で、耐久性、衛生性に**優れる**が、灯油、ガソリン等の有機溶剤に接すると、管に**浸透**し水質事故を起こすこと**がある**

例題　　　　　　　　　　　　　　令和元年 問題15

給水管の配管工事に関する次の記述のうち、<u>不適当なものはどれか</u>。

(1) ステンレス鋼鋼管の曲げ加工は、ベンダーにより行い、加熱による焼曲げ加工等は行ってはならない。

(2) ステンレス鋼鋼管の曲げの最大角度は、原則として90°（補角）とし、曲げ部分にしわ、ねじれ等がないようにする。

(3) 硬質銅管の曲げ加工は、専用パイプベンダーを用いて行う。

(4) ポリエチレン二層管（1種管）の曲げ半径は、管の外径の20倍以上とする。

解答 3

解説 軟質銅管の曲げ加工は、専用パイプベンダーを用いて行う。

給水管の接合方式と継手

- □給水装置の接合箇所は、**水圧**に対する充分な耐力を確保するためにその構造及び材質に応じた適切な接合が行われたものでなければならない
- □硬質塩化ビニルライニング鋼管、耐熱性硬質塩化ビニルライニング鋼管、ポリエチレン粉体ライニング鋼管の接合は、**ねじ接合**が一般的である

管材	接合方式	継手
硬質塩化ビニルライニング鋼管	ねじ接合	管端防食継手
ステンレス鋼鋼管	機械接合	伸縮可とう式継手
		プレス式継手
銅管	ろう接合	ろう・はんだ継手
	はんだ接合	
	プレス式	機械式継手
硬質ポリ塩化ビニル管	接着剤	TS 継手
	ゴム輪	RR 継手
ポリエチレン二層管	メカニカル式	金属継手
水道配水用ポリエチレン管	電気融着式	EF 継手
	メカニカル式	金属継手 メカニカル式継手
架橋ポリエチレン管	メカニカル式	メカニカル式継手
	電気融着式	EF 継手
ポリブテン管	メカニカル式	メカニカル式継手
	電気融着式	EF 継手
	熱融着式	熱融着式継手
ダクタイル鋳鉄管	メカニカル式	メカニカル継手
	プッシュオン式	プッシュオン継手
	フランジ式	フランジ継手

硬質塩化ビニルライニング鋼管

- □ねじ接合部の腐食防止には**管端防食**継手が最も効果があるので、硬質塩化ビニルライニング鋼管のねじ接合には、**管端防食継手を使用しなければならない**
- □**外面樹脂被覆管**や継手は、埋設時、防食テープ等の防食処理の必要が**ない**
- □管の切断及びねじ切り時には、**局部加熱や内面にかえり**がないようにする
- □ねじの規格は JIS で「管用**テーパねじ**」が定められている
- □管の切断は、応力のかかる**パイプカッター**、切粉の発生する**チップソーカッター**、熱を伴う**ガス切断**等を使用しない

ステンレス鋼鋼管

- □**伸縮可とう式**継手は、主にワンタッチ式である
- □**プレス式**継手は、専用締付け工具を使用する
- □管の曲げ加工は、
  - ›**加熱**により行ってはならない
  - ›曲げ半径は、管軸線上において、呼び径の **4** 倍以上でなければならない
- □ステンレス鋼鋼管の曲げの最大角度は、原則として **90°**（補角）とし、曲げ部分にしわ、ねじれ等がないようにする

$\angle a + \angle b = 180°$
（$\angle a$に対する補角$\angle b$の最大角度は $90°$）

銅管

- □**ろう接合**は、管の差込み部と継手受口との隙間に**ろう**を加熱溶解し、**毛細管現象**により吸い込ませて接合する
- □**25**mm 以下の直管部は、胴継ぎによる継手を用いない**接合**とすることができる

硬質ポリ塩化ビニル管

- □TS 継手
  - ›接合後の静置時間が必要で、その間、力を加えて**はならない**

- ▸静置時間は、呼び径 **50**mm 以下は **30** 秒以上、
  呼び径 **75**mm 以上は **60** 秒以上
- □RR 継手
  - ▸ダクタイル鋳鉄製の継手を用いる**ゴム輪**接合である
  - ▸水圧、水撃作用等により接合部が離脱するおそれが**ある**
    継手である

ポリエチレン二層管

- □管種（1 種・2 種）に適合した**金属継手**を使用する
- □曲げ半径は、管の外径の **20** 倍以上（1 種管）とする
- □金属継手を分解して、**袋ナット**、**リング**の順序で管に部品を
  通し、リングは割りの**ある**方を袋ナット側に向ける

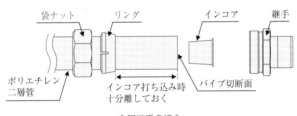

袋ナット　　　リング　　　　　インコア　　　継手

ポリエチレン
二層管　　　　　インコア打ち込み時　　　パイプ切断面
　　　　　　　十分離しておく

金属継手の接合

水道配水用ポリエチレン管

- □EF 継手
  - ▸接合方法が**マニュアル化**され、**コントローラ**による最適
    融着条件が自動制御される
  - ▸異形管部分の離脱防止対策が**不要**である
  - ▸融着作業中は、EF 接続部に**水**が付着しないようにする
- □メカニカル継手
  管端から **200**mm 程度の内外面及び継手本体の受口内面や
  インナーコアに付着した油・砂等の異物を**ウエス**等で取り除く

ポリブテン管

- □**熱融着式**継手
  - ▸**加熱用ヒーター**フェースで管外面と継手内面を加熱して
    溶融圧着する

ダクタイル鋳鉄管

- □接合に使用する滑剤は、継手用滑剤とし、**グリース**等の**油剤**類は使用してはならない
- □メカニカル継手の **K** 形及びプッシュオン継手の **T** 形は、水圧、水撃作用等により給水管の接合部が離脱するおそれが**ある**継手であり、異形管の接合箇所に管防護を必要**とする**
- □フランジ継手は、片締めにならないように十分注意する
- □NS 形及び GX 形継手は、大きな伸縮余裕、曲げ余裕をとっているため、管体に無理な力がかかることなく継手の動きで地盤の変動に適応することができる

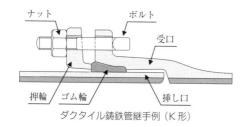

ダクタイル鋳鉄管継手例（K 形）

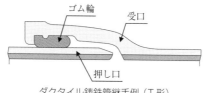

ダクタイル鋳鉄管継手例（T 形）

例題 1

令和元年 問題 13

水道配水用ポリエチレン管の EF 継手による接合に関する次の記述のうち、<u>不適当な</u>ものはどれか。

(1) 継手との管融着面の挿入範囲をマーキングし、この部分を専用工具（スクレーパ）で切削する。

(2) 管端から 200mm 程度の内外面及び継手本体の受口内面やインナーコアに付着した油・砂等の異物をウエス等で取り除く。

(3) 管に挿入標線を記入後、継手をセットし、クランプを使って、管と継手を固定する。

(4) コントローラのコネクタを継手に接続のうえ、継手バーコードを読み取り通電を開始し、融着終了後、所定の時間冷却確認後、クランプを取り外す。

解答 2

解説 記述は、メカニカル継手の接合に関するものである。

例題2   平成26年 問題19

給水管の接合に関する次の記述の ⬛ 内に入る語句の組み合わせのうち、適当なものはどれか。

　硬質ポリ塩化ビニル管の接合は、接着剤を用いる ア 、ゴム輪を用いるRR継手を使用し、水道配水用ポリエチレン管の接合には通常、 イ が用いられる。

　また、 ウ の接合には、専用締付け工具を使用するプレス式継手を使用するほか、ワンタッチ方式が主となる エ を使用する。

	ア	イ	ウ	エ
(1)	TS継手	EF継手	硬質塩化ビニルライニング鋼管	伸縮可とう式継手
(2)	EF継手	TS継手	硬質塩化ビニルライニング鋼管	フランジ継手
(3)	TS継手	EF継手	ステンレス鋼鋼管	伸縮可とう式継手
(4)	EF継手	TS継手	ステンレス鋼鋼管	フランジ継手

解答 3

解説 本文参照

4-9 現場管理

給水装置工事の現場管理

□ 道路工事の交通安全等について、**道路管理**者・**所轄警察署長**
と事前相談する

□ 他の埋設物に近接して掘削する場合、**埋設物管理**者と協議
し、必要な対策を講じる

□ 工事中の事故に備え、**所轄警察署**等の連絡先を、工事従事者
に周知する

□ 掘削時の交通安全のため、**保安設備**を設置し、**保安要員**を配
置する

□ 道路の掘削は、**一日**の作業範囲とし、**掘り置き**しない

□ 事故発生時、直ちに**所轄警察署**と**道路管理**者に通報し、**水道**
事業者に連絡する

□ 工事によって生じた建設発生土、建築**廃棄物**等は、「**廃棄物**
の処理及び清掃に関する法律」等に基づき、**工事施工**者が適
正に処理する

□ 舗装は、埋戻し後直ちに**本復旧**する

□ 舗装をやむを得ず**仮復旧**とするときは、**本復旧**まで常に**巡回**
点検し、不良が生じたときや**道路管理**者の指示を受けたとき
は、直ちに**修復**する

4

給水装置工事法

例題

公道における工事の現場管理に関する次の記述の正誤の組み合わせのうち、<u>適当なもの</u>はどれか。

ア　ガス管、下水道管等の埋設物に近接して掘削する場合は、道路管理者と協議のうえ、それらの埋設物に損傷を与えないよう防護措置などを講じる。

イ　掘削にあたっては、工事場所の交通安全などを確保するため保安設備を設置し、必要に応じて交通整理員などの保安要員を配置する。

ウ　舗装復旧は、埋戻し後直ちに仮復旧を施行し、本復旧施行までの間は、道路管理者の指示を受けたときに巡回点検する。

エ　工事の施行によって生じた建設発生土や建設廃棄物は、法令やその他の規定に基づき、工事施行者が適正かつ速やかに処理する。

	ア	イ	ウ	エ
(1)	正	誤	正	誤
(2)	正	正	誤	正
(3)	誤	正	正	誤
(4)	誤	正	誤	正

解答　4

解説　ア：**埋設物管理者**と協議する。ウ：埋戻し後、**本復旧**する。やむを得ず仮復旧とする場合は、本復旧まで**常に**巡回点検する。

検査

学習 /

給水装置工事主任技術者の現地検査

□使用した管及び給水用具について、**性能基準**適合品が使用されているか確認する

□給水装置の使用開始前に管内を**洗浄**し、**通水**試験、**耐圧**試験及び**水質**の確認を行う

□**通水**試験

各給水用具から放流し、**水道メーター**を経由していること、給水用具の吐水量、作動状態等について確認する

□**耐圧**試験

基準省令に試験**水圧**の定量的な基準はないが、試験**水圧**1.75MPa を 1 分間保持する試験を実施することが望ましい

□**水質**の確認

残留塩素（遊離）：**0.1**mg/L 以上

臭気・味・色・濁り：観察により異常でないこと

□受水槽においては、**吐水口**と**越流**面との位置関係の確認を行う

水道事業者による竣工検査

□給水装置が**基準**に適合していることを確認し、施主に引き渡すための**最終**的な工事品質確認である

□指定給水工事事業者は、**水道事業者**の検査を受け**なければならない**。省略することはできない

□**水道事業者**は、指定給水工事事業者に対して、給水装置工事主任技術者の立会いを求める**ことができる**。**求められた**ときは、立会わせ**なければならない**

4

給水装置工事法

例題

給水装置工事主任技術者が行う給水装置工事の検査に関する次のア～エの記述のうち、<u>適当なものの数はどれか</u>。

ア　不断水分岐作業終了後、残留塩素濃度を測定し、遊離残留塩素濃度が衛生上必要な 0.1mg/L 以上であることを確認した。

イ　基準省令において試験水圧の定量的な基準がないことから、配管工事後の耐圧試験を省略した。

ウ　通水確認作業として、主たる給水用具から放流し、水道メーターを経由していること及び給水用具の吐水量、作動状態等について確認した。

エ　給水装置工事に使用した管及び給水用具については、すべて性能基準適合品が使用されているか確認した。

(1)　1
(2)　2
(3)　3
(4)　4

解答　2

解説　イ：定量的な基準はないが、試験水圧 1.75MPa を 1 分間保持する試験を実施することが望ましいとされている。ウ：主たる給水用具ではなく、**各給水用具**から放流する。アとエは適当。

4-11 異常現象

異常現象

☐ 給水装置工事主任技術者は、需要者から給水装置の異常を告げられ、依頼があった場合は、これらを**調査**し、**原因究明**とその**改善**を実施する

味

☐ 異常な味は**クロスコネクション**のおそれがあるので、直ちに**飲用を中止**する

異物

☐ 砂や鉄粉が混入した場合、**水道メーター**を取り外して、除去する

☐ **亜鉛メッキ鋼管**は、内部にスケール（赤さび）が発生しやすく、給水管断面が小さくなり、出水不良を起こす

☐ 断水後に通水した際、スケールなどが水道メーターの**ストレーナ**に付着すると、出水不良となる。**ストレーナを清掃**する

☐ 埋設管に小さな孔があいた場合、給水時の**エジェクタ**作用により、汚水や異物を**吸引**することがある

☐ 黒、白、緑の微細片は、**パッキンのゴム**、フレキシブル管（継手）の内層部の樹脂などが原因と考えられる

色

☐ 赤褐色・黒褐色
鋳鉄管、鋼管のさびが流出したもの。使用時に一定時間**排水**すれば回復する。常時発生する場合は、**管種変更**などの措置が必要である

☐ 青色（衛生陶器が青い色に染まる）
銅管から出る銅イオンが脂肪酸と結びついた銅石鹸による。通常、一定期間の使用で銅管内面に被膜が生成し起こらなくなる

□白色

　亜鉛メッキ鋼管の亜鉛の溶解。使用時に一定時間、排水する

□白濁色

　空気が混入したもので、問題ない

例題　　　　　　　　　　　　　　　　　　　令和元年 問題18 改題

給水装置の異常現象に関する次の記述の正誤を答えなさい。

ア　給水管に硬質塩化ビニルライニング鋼管を使用していると、亜鉛メッキ鋼管に比べて、内部にスケール（赤錆）が発生しやすく、年月を経るとともに給水管断面が小さくなるので出水不良を起こす。

イ　水道水は、無味無臭に近いものであるが、塩辛い味、苦い味、渋い味等が感じられる場合は、クロスコネクションのおそれがあるので、飲用前に一定時間管内の水を排水しなければならない。

ウ　埋設管が外力によってつぶれ小さな孔があいてしまった場合、給水時にエジェクタ作用によりこの孔から外部の汚水や異物を吸引することがある。

エ　給水装置工事主任技術者は、需要者から給水装置の異常を告げられ、依頼があった場合は、これらを調査し、原因究明とその改善を実施する。

解答　ア：誤　イ：誤　ウ：正　エ：正

解説　ア：硬質塩化ビニルライニング鋼管よりも亜鉛メッキ鋼管のほうが内部にスケール（赤錆）が発生しやすい。イ：直ちに飲用を中止しなければならない。

4-12 侵食

学習 /

侵食の種類

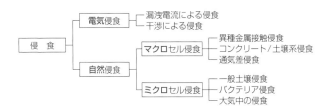

侵食の形態

□侵食形態には**全面**侵食と**局部**侵食がある。**全面**侵食は、寿命を短縮させ、**局部**侵食は、侵食が**局部**に**集中**し、漏水等を発生させる

□**マクロセル**侵食とは、埋設状態にある金属材質、土壌、乾湿、通気性、pH値、溶解成分の違い等の**異種環境**での電池作用による侵食をいう

□漏洩電流による侵食では、電流が**流出**する部分が侵食される

□異種金属接触侵食では、自然電位の**高い貴**の金属と自然電位の**低い卑**の金属に電池が成され、自然電位の**低い卑**の金属が侵食される

□コンクリート／土壌系侵食では、**アルカリ**環境下の**コンクリート**中の鋼と**土壌**中の鋼に電池が成され、**土壌**中の鋼が侵食される

侵食防止

□漏洩電流により侵食のおそれがある場所では、**非金属製**の材質とするか、**絶縁材**で被覆する

□酸やアルカリにより侵食のおそれがある場所では、**耐食**性を有する材質とするか、**防食材**で被覆する

4

給水装置工事法

例題

金属管の侵食に関する次の記述の正誤の組み合わせのうち、<u>適</u>
<u>当なものはどれか。</u>

ア　埋設された金属管が異種金属の管や継手、ボルト等と接
　　触していると、自然電位の低い金属と自然電位の高い金属
　　との間に電池が形成され、自然電位の高い金属が侵食され
　　る。

イ　自然侵食にはマクロセル及びミクロセルがあり、マクロ
　　セル侵食とは、腐食性の高い土壌、バクテリアによる侵食を
　　いう。

ウ　金属管が鉄道、変電所等に近接して埋設されている場合
　　に、漏洩電流による電気分解作用により侵食を受ける。この
　　とき、電流が金属管から流出する部分に侵食が起きる。

エ　地中に埋設した鋼管が部分的にコンクリートと接触して
　　いる場合、アルカリ性のコンクリートに接している部分の
　　電位が、コンクリートと接触していない部分より高くなっ
　　て腐食電池が形成され、コンクリートと接触していない部
　　分が侵食される。

```
        ア      イ      ウ      エ
(1) 正 ——— 誤 ——— 正 ——— 誤
(2) 正 ——— 正 ——— 誤 ——— 誤
(3) 誤 ——— 正 ——— 誤 ——— 正
(4) 誤 ——— 誤 ——— 正 ——— 正
```

解答　4

解説　ア：自然電位の低い金属が侵食される。イ：腐食性の高い土壌、
バクテリアによる侵食は**ミクロセル**侵食に分類される。

水道直結式スプリンクラー設備

消防法の適用を受ける水道直結式スプリンクラー設備

□平成 19（2007）年の消防法改正により、一定規模以上の
　グループホーム等の小規模社会福祉施設にスプリンクラー
　の設置が義務付けられた

□水道法の適用を受ける

□消防設備士の指導の下、指定給水装置工事事業者が施工する

□分岐する配水管からスプリンクラーヘッドまでの水理計算、
　給水管、給水用具の選定は、消防設備士が行う

□消防法令適合品とともに、給水装置の構造及び材質の基準に
　適合している必要がある

□災害その他正当な理由によって、一時的な断水や水圧低下に
　よりスプリンクラー設備の性能が十分発揮されない状況が
　生じても水道事業者に責任がない

□停滞水、停滞空気の発生しない構造であることが必要

停滞水の防止

□湿式配管では、末端給水栓までの配管途中にスプリンクラー
　を設置する

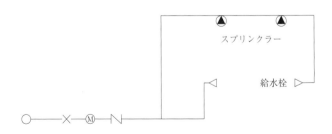

□乾式配管では、給水管の分岐から電動弁までの間の停滞水を
　できるだけ少なくするため、給水管分岐部と電動弁との間の
　停滞区間を短くする

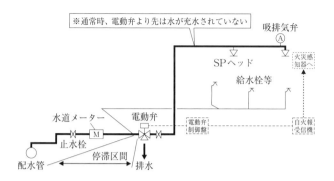

※通常時、電動弁より先は水が充水されていない

吸排気弁
Ⓐ

SPヘッド

給水栓等

火災感知器へ

水道メーター

電動弁

電動弁制御盤

自火報受信機

止水栓

M

配水管

停滞区間

排水

令和元年 問題 19　改題

消防法の適用を受けるスプリンクラーに関する次の記述の<u>正誤</u>を答えなさい。

ア　水道直結式スプリンクラー設備は、消防法令に適合すれば、給水装置の構造及び材質の基準に適合しなくてもよい。

イ　平成 19 年の消防法改正により、一定規模以上のグループホーム等の小規模社会福祉施設にスプリンクラーの設置が義務付けられた。

ウ　水道直結式スプリンクラー設備の設置に当たり、分岐する配水管からスプリンクラーヘッドまでの水理計算及び給水管、給水用具の選定は、消防設備士が行う。

エ　乾式配管方式の水道直結式スプリンクラー設備は、消火時の水量をできるだけ多くするため、給水管分岐部と電動弁との間を長くすることが望ましい。

解答 ア：誤　イ：正　ウ：正　エ：誤

解説 ア：給水装置の構造及び材質の基準に適合する必要が**ある**。
エ：給水管分岐部と電動弁との間を**短く**することが望ましい。

96

4-14 維持管理

情報提供

□給水装置工事主任技術者は、給水装置の維持管理について需要者に対して適切な情報提供を行う

□給水装置工事主任技術者は、給水用具の故障の問い合わせがあった場合は現地調査を行い、需要者が修繕できるもの、指定給水装置工事事業者ができるもの、製造業者でないとできないものかを見極め、需要者に情報提供を行う

□末端給水装置から供給された水道水の水質に異常があった場合、直ちに水道事業者に報告する

責任範囲

□水道メーターから末端給水用具までの間の維持管理は、すべて需要者の責任である

□配管から水道メーターまでの間で、水道事業者が無料で漏水修繕する範囲は、水道事業者ごとに定められている

4

給水装置工事法

例題

給水装置の維持管理に関する次のア〜エの記述のうち、<u>適当なものの数はどれか。</u>

ア　適正に施工された給水装置であっても、その後の維持管理の適否は安全な水の安定的な供給に大きな影響を与えるため、給水装置工事主任技術者は、給水装置の維持管理について需要者に対して適切な情報提供を行う。

イ　配水管からの分岐以降水道メーターまでの間の漏水修繕などの維持管理において、水道事業者が無料修繕を行う範囲は水道事業者によって異なる。

ウ　水道メーターの下流から末端給水用具までの間の維持管理は、すべて需要者の責任である。

エ　給水装置工事主任技術者は、給水用具の故障の問い合わせがあった場合は現地調査を行い、需要者が修繕できるもの、指定給水装置工事事業者ができるもの、製造業者でないとできないものかを見極め、需要者に情報提供を行う。

(1)　1

(2)　2

(3)　3

(4)　4

解答　4

解説　ア、イ、ウ、エすべて正しい記述である。

第 **5** 章

給水装置の
構造及び性能

5-1 給水装置の構造及び材質の基準

給水装置の構造及び材質（水道法第 16 条）

□ 水道事業者は、供給を受ける者の給水装置の構造及び材質が基準に適合していないときは、供給規程の定めるところにより、給水契約の申込みを拒み、給水を停止することができる

給水装置の構造及び材質の基準（水道法施行令第 5 条）

□ 配水管への取付口は、他の取付口から 30cm 以上離れていること

□ 配水管への給水管の口径は、水の使用量に比し、著しく過大でないこと

□ 配水管の水圧に影響を及ぼすポンプに直接連結されていないこと

□ 水圧、土圧への耐力を有し、かつ、水が汚染されたり、漏れたりするおそれがないこと

□ 凍結、破壊、侵食等の防止措置が講ぜられていること

□ 給水装置以外の管、設備に直接連結されていないこと

□ 水槽、プール他への給水装置には、逆流防止措置が講ぜられていること

給水装置の構造及び材質の基準に関する事項

□ 給水装置の構造及び材質の基準は、

   ▸ 必要最小限の要件を基準化したもの

   ▸ 給水装置に適用される

   ▸ 受水槽を介して接続される器具等には、適用されない

給水装置の構造及び材質の基準に関する次の記述のうち、**不適**
当なものはどれか。

(1) 当該給水装置以外の水管その他の設備に直接連結されて
いないこと。

(2) 配水管への取付口における給水管の口径は、当該給水装
置による水の使用量に比し、著しく過大でないこと。

(3) 水圧、土圧その他の荷重に対して充分な耐力を有し、かつ、
水が汚染され、又は漏れるおそれがないものであること。

(4) 配水管への取付口の位置は、他の給水装置の取付口から
20 センチメートル以上離れていること。

解答 4

解説 20cm 以上ではなく、30cm 以上。

例題 2
平成 24 年 問題 24

水道法施行令第 5 条（給水装置の構造及び材質の基準）の次の
記述のうち、**誤っている**ものはどれか。

(1) 配水管の流速に影響を及ぼすおそれのあるポンプに直接
連結されていないこと。

(2) 配水管への取付口の位置は、他の給水装置の取付口から
30 センチメートル以上離れていること。

(3) 水圧、土圧その他荷重に対して充分な耐力を有し、かつ、
水が汚染され、又は漏れるおそれがないものであること。

(4) 水槽、プール、流しその他水を入れ、又は受ける器具、施
設等に給水する給水装置にあっては、水の逆流を防止する
ための適当な措置が講ぜられていること。

解答 1

解説 流速ではなく水圧。

5

給水装置の構造及び性能

耐圧に関する基準

□給水装置(最終止水機構の流出側の給水用具は除く)は、次の性能を有すること

▶1.75MPa の静水圧を 1 分間加えたとき、異常を生じない

▶加圧装置及び下流側の給水用具は、最大吐出圧力の静水圧を 1 分間加えたとき、異常を生じない

▶パッキンを水圧で圧縮することにより水密性を確保する給水用具は、1.75MPa の静水圧を 1 分間加えたとき、20kPa の静水圧を 1 分間加えたとき、異常を生じない

□給水装置の接合箇所は、水圧に対する耐力を確保する接合が行われていること

□家屋の主配管は、構造物の下の通過を避け、漏水時の修理を容易に行うことができること

耐圧性能基準の解説

□適用対象

原則としてすべての給水管及び給水用具が適用対象

ただし、最終止水機構の流出側の給水用具、止水機構の流出側の大気に開口されている部分は、除外

□試験水圧

1.75MPa は、通常状態における水圧、ウォータハンマによる水撃圧等を考慮し、加わり得る最大水圧として設定したもの

□試験時間

1 分間で変形、破損が認められなければ、それ以上試験を行っても結果は変わらない。水漏れする場合は、1 分以内に確認できる経験則から採用されている

□判定基準

「変形」は、異常な形状の変化であり、フレキシブル継手等が、仕様の範囲内において形状変化したものは該当しない

□Ｏリング等を使用した給水用具

Ｏリングは装着時の密着力で水密性を確保する構造のものであるため、20kPa の低水圧による試験は**行わない**

例題

給水装置の耐圧性能基準に関する次の記述の<u>正誤</u>を答えなさい。

ア　1.75MPa という試験水圧は、通常の使用状態における水圧、ウォータハンマによる水撃圧等を考慮し、現在の日本の水道の使用圧力において給水装置に加わり得る最大水圧として設定したものである。

イ　耐圧性能基準は、水道の水圧により給水装置に水漏れ、破壊等が生じることを防止するためのものであり、安全性確保のため最終の止水機構の流出側に設置されている給水用具にも適用される。

ウ　弁類は、耐久性能試験により 10 万回の開閉操作を繰り返した後でも、耐圧性能を有するものでなければならない。

エ　Ｏリングは装着時の密着力で水密性を確保する構造のものであるため、低水圧時には密着力が低下し外部への漏水が生じるおそれがあり、20kPa の低水圧試験も併せて行うこととしている。

解答　ア：正　　イ：誤　　ウ：正　　エ：誤

解説　イ：最終止水機構の流出側の給水用具は除外されている。エ：Ｏリングは装着時の密着力で水密性を確保する構造のものであるため、20kPa の低水圧による試験は**行わない**。

5

給水装置の構造及び性能

浸出等に関する基準

- □ 飲用に供する給水装置は、供試品を浸出させたとき、浸出液が基準に適合しなければならない
- □ 給水装置は、末端部の行き止まり等により、水が停滞する構造であってはならない。ただし、排水機構が設置されているものはこの限りでない
- □ 給水装置は、シアン、六価クロム等、汚染するおそれのある施設に近接して設置してはならない
- □ 鉱油、有機溶剤等の油類が浸透するおそれのある給水装置は、浸透するおそれのない材質のもの、または、さや管等による防護措置を講じなければならない

浸出性能基準の解説

- □ 給水装置から金属等が浸出し、飲用に供される水の汚染防止のための基準
- □ 最終製品で行う器具試験のほか、部品試験や材料試験も選択できる。ただし、金属材料は、材料試験を行うことはできない
- □ 適用対象は、飲用に供する水が接触する可能性のあるものに限定される
- □ 適用対象外の器具例
    - ▶ ふろ用、洗髪用、食器洗浄用等の水栓
    - ▶ 洗浄弁、洗浄装置付き便座、散水栓
    - ▶ 水洗便所のロータンク用ボールタップ
    - ▶ ふろ給湯専用の給湯器及びふろがま
    - ▶ 自動食器洗い器
- □ 自動販売機や製氷機は、水として飲用されず、食品衛生法に規制されているから、給水管との接続口から吐水口まで評価を行えばよい

□浸出用液は、**水道水を用いると、**地域ごとの水質の違いに等より目的が達成できないおそれがあるから、**人工的に調製し**た水を用いる

□判定基準項目は、水道**水質基準**項目、**日本水道協会**（JWWA）規格項目から選定している

□分析の必要があるのは、味、臭気、色度及び濁度の他、**浸出する可能性のあるもの**とする

□NSF（National Science Foundation：米国科学財団）規格に準拠し、**滞留**状態での**補正**値が水道水質基準値の **10%**を超えないこととしている

□**部品試験**及び**材料試験**は、**接触面積**当たりの浸出量を求め、換算して評価することとし、**最終製品**での試験が困難である場合も、評価できるようにしている

| 例題 1 | 平成 28 年 問題 26 |

給水装置の浸出性能基準の適用対象外となる次の給水用具の組み合わせのうち、<u>適当なものはどれか。</u>

ア　散水栓
イ　受水槽用ボールタップ
ウ　バルブ類
エ　洗浄便座

(1) アとウ
(2) アとエ
(3) イとウ
(4) イとエ

解答 2

解説 散水栓と洗浄便座には適用されない。

5

給水装置の構造及び性能

平成 25 年 問題 22

給水装置の浸出性能基準に関する次の記述のうち、<u>不適当なものはどれか。</u>

(1) 浸出性能基準は、給水装置から金属などが浸出し、飲用に供される水が汚染されることを防止するためのものである。

(2) 金属材料の浸出性能試験は、最終製品で行う器具試験のほか、部品試験や材料試験も選択できる。

(3) 浸出性能基準の適用対象は、通常の使用状態において飲用に供する水が接触する可能性のある給水管及び給水用具に限定される。

(4) 営業用として使用される製氷機は、給水管との接続口から給水用具内の水受け部への吐水口までの間の部分について評価を行えばよい。

解答 2

解説 金属材料は、材料試験を行うことはできない。

平成 30 年 問題 25

次のうち、通常の使用状態において、給水装置の浸出性能基準の適用対象外となる給水用具として、<u>適当なものはどれか。</u>

(1) 散水栓

(2) 受水槽用ボールタップ

(3) 洗面所の水栓

(4) バルブ類

解答 1

解説 散水栓は浸出性能基準の適応対象外。

5-4 水撃限界性能基準

水撃限界に関する基準

- □ 水撃作用とは、止水機構を**急閉止**した際に生じる急激な圧力変動である
- □ 水撃作用のおそれのある給水用具は、**厚生労働大臣**が定める試験により、流速 2m ／秒又は動水圧 0.15MPa において止水機構の**急閉止**をしたとき、上昇する圧力が 1.5MPa 以下である性能でなければならない
- □ ただし、**上流側**に、**エアチャンバー**等の水撃防止措置が講じられているものは、この限りでない

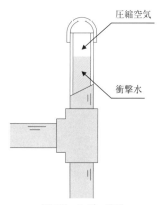

圧縮空気

衝撃水

エアチャンバーの例

5

給水装置の構造及び性能

水撃性能基準の解説

- □ 水撃作用により、給水装置の破壊防止のための基準
- □ 適用対象は、水撃作用のおそれのある給水用具で、**水栓**、**ボールタップ**、**電磁弁**、**元止め式瞬間湯沸器**等
- □ 水撃作用のおそれのある給水用具は、**すべて**この基準を満たしていなければ**ならないわけではない**
- □ 水撃作用のおそれがあり、基準を満たしていない場合は、別途、**水撃防止措置を講じなければならない**

□湯水混合水栓等において、同一の仕様の止水機構が水側と湯側に付いている場合は、**いずれか一方**の止水機構について試験を**行えばよい**

□水撃作用により上昇する圧力とは、水撃圧の最大値と通水時の**動水**圧の**差**をいう

例題

平成 29 年 問題 20

給水装置の水撃限界性能基準に関する次の記述のうち、<u>不適当なもの</u>はどれか。

(1) 水撃限界性能基準は、水撃発生防止仕様の給水用具であるか否かの判断基準であるので、水撃作用を生じるおそれのある給水用具はすべてこの基準を満たしていなければならない。

(2) 水撃限界性能基準は、水撃作用により給水装置に破壊等が生じることを防止するためのものである。

(3) 水撃作用とは、止水機構を急に閉止した際に管路内に生じる圧力の急激な変動作用をいう。

(4) 水撃限界性能基準では、湯水混合水栓等において同一の仕様の止水機構が水側と湯側についているような場合は、いずれか一方の止水機構について試験を行えばよい。

解答 1

解説 水撃作用のおそれのある給水用具は、すべてこの基準を満たしていなければならないわけではない。

5-5 逆流防止性能基準

逆流防止に関する基準

- □減圧式逆流防止器：3kPa 及び 1.5MPa の静水圧を 1 分間加えたとき異常を生じないとともに、**流入側から−54kPa**の圧力を加えたとき、接続した透明管内の水位の上昇が3mm を超えないこと

- □逆止弁（減圧式逆流防止器を除く）及び逆流防止給水用具：3kPa 及び 1.5MPa の**静水圧**を 1 分間加えたとき、異常を生じないこと

逆流防止性能基準の解説

- □給水装置の**吐水口**から出る汚水の**逆流**を防止するための基準

- □適用対象は、**逆止弁**、**減圧式逆流**防止器及び**逆流防止装置**を内部に備えた給水用具である

- □**逆流防止性能基準、負圧破壊**性能基準、吐水口空間の確保のいずれかを満たせば、逆流防止性能基準を満たさない逆止弁等を付加的に設置することが**できる**

- □逆止弁等は、1 次側と 2 次側の圧力差が**ほとんどない**ときも、2 次側から高水圧が加わったときも、逆流を防止できなければならない

- □**低水圧**時の試験水圧は、型式承認基準に準じて 3kPa を採用している

- □高水圧時の試験水圧は、最大静水圧（0.75MPa）の 2 倍の1.5MPa を採用している

- □**減圧式逆流防止器**は、**逆流防止**機能と**負圧破壊**機能を併せ持つ装置であるから、両性能を有することが要件

- □逆流防止装置を内部に備えた給水用具については、内部の逆流防止装置を取り外して試験を行っても**差し支えない**が、内部に備え付けた場合と同等に**再現**できるように注意する

5

給水装置の構造及び性能

JIS 規格（JIS B2061）

□湯水混合水栓は、湯側・水側に逆流防止装置を付けなければ
　ならない

例題   平成 26 年 問題 22

給水用具の逆流防止性能基準に関する次の記述の　　　　内に
入る数値の組み合わせのうち、<u>適当なものはどれか</u>。

　減圧式逆流防止器は、厚生労働大臣が定める逆流防止に関す
る試験により　ア　kPa 及び　イ　MPa の静水圧を 1 分
間加えたとき、水漏れ、変形、破損その他の異常を生じないと
ともに、厚生労働大臣が定める負圧破壊に関する試験により流
入側からマイナス　ウ　kPa の圧力を加えたとき、減圧式逆
流防止器に接続した透明管内の水位の上昇が　エ　mm を超
えないこととされている。

	ア		イ		ウ		エ
(1)	3	————	1.5	————	3	————	54
(2)	1	————	3	————	54	————	3
(3)	3	————	1.5	————	54	————	3
(4)	1	————	3	————	3	————	54

解答 3

解説 3kPa 及び 1.5MPa の静水圧を 1 分間加えたとき異常を生
じないとともに、流入側から−54kPa の圧力を加えたときの水位の
上昇が 3mm を超えないこととされている。

負圧破壊性能基準

負圧破壊性能基準

□バキュームブレーカは、**流入側から−54kPa の圧力を加え**たとき、接続した透明管内の水位の上昇が **75mm を超えない**こと

□負圧破壊装置を内部に備えた給水用具は、**流入側から−54kPa の圧力を加えたとき、接続した透明管内の水位の上昇が、空気吸入シート面から水受け部の水面までの垂直距離の 1／2 を超えない**こと

□吐水口一体型給水用具（水受け部と吐水口が**一体**で、かつ、越流面と吐水口の間が**分離**されている給水用具）は、**流入側から−54kPa の圧力を加えたとき、吐水口から水を引き込まない**こと

負圧破壊性能基準の解説

□**断水**時等に生じる**負圧**により、給水装置の**吐水口**から汚水の**逆流**を防止するための基準

□バキュームブレーカとは、器具**単独**で販売され、水受け容器からの**取付け高さ**が施工時に変更**可能**なものをいう

□バキュームブレーカは、**大気圧式も圧力式も**適用対象である

□負圧破壊装置を内部に備えた給水用具：吐水口**水没型**のボールタップ、**大便器**洗浄弁等のように、負圧破壊装置の**位置**が**一定に固定**されているもの

□負圧破壊装置を内部に備えた給水用具は、内部の負圧破壊装置を取り外して試験を行って**も差支えない**が、内部に備え付けた場合と同等に**再現**できるように**注意する**

□吐水口一体型給水用具：**ボールタップ**付ロータンク、**冷水機**、自動**販売機**、**貯蔵湯沸器**等のように、内部で**縁切り**することにより**逆流防止**するもの

□吐水口一体型給水用具は、規定の**吐水口**空間が**確保**されている場合、負圧破壊性能試験を**する必要はない**

5

給水装置の構造及び性能

111

例題

給水装置の構造及び材質の基準に定める逆流防止に関する基準に関する次の記述の<u>正誤</u>を答えなさい。

ア　減圧式逆流防止器は、厚生労働大臣が定める逆流防止に関する試験（以下、「逆流防止性能試験」という。）により3キロパスカル及び1.5メガパスカルの静水圧を1分間加えたとき、水漏れ、変形、破損その他の異常を生じないことが必要である。

イ　逆止弁及び逆流防止装置を内部に備えた給水用具は、逆流防止性能試験により3キロパスカル及び1.5メガパスカルの静水圧を1分間加えたとき、水漏れ、変形、破損その他の異常を生じないこと。

ウ　減圧式逆流防止器は、厚生労働大臣が定める負圧破壊に関する試験（以下、「負圧破壊性能試験」という。）により流出側からマイナス54キロパスカルの圧力を加えたとき、減圧式逆流防止器に接続した透明管内の水位の上昇が75ミリメートルを超えないことが必要である。

エ　バキュームブレーカは、負圧破壊性能試験により流出側からマイナス54キロパスカルの圧力を加えたとき、バキュームブレーカに接続した透明管内の水位の上昇が3ミリメートルを超えないこととされている。

解答　ア：正　イ：正　ウ：誤　エ：誤

解説　ウ：減圧式逆流防止器は、透明管内の水位の上昇が3mmを超えないことが必要である。エ：バキュームブレーカは、透明管内の水位の上昇が75mmを超えないこととされている。

耐寒に関する基準

- [ ] 凍結のおそれのある給水装置は、零下20±2℃の温度で1時間保持した後、**耐圧性能**、**水撃限界性能**、**逆流防止性能**、**負圧破壊性能**を有すること
- [ ] 減圧弁、逃し弁、逆止弁、空気弁及び電磁弁の弁類は、10万回の開閉操作を繰り返し、かつ、零下20±2℃の温度で1時間保持した後、**耐圧性能**、**水撃限界**性能、**逆流防止性能**、**負圧破壊**性能を有すること
- [ ] ただし、**断熱材**等により**凍結防止**措置が講じられているものは、**この限りでない**

耐寒性能基準の解説

- [ ] 給水用具内の水の**凍結**による**破壊**を防止するための基準
- [ ] 凍結のおそれがある給水用具が**すべて**耐寒性能基準を満たしていなければ**ならないわけではない**
- [ ] 凍結のおそれがある場所に耐寒性能基準を満たしていない給水用具を設置する場合は、別途、**断熱材**で被覆するなどの**凍結防止**措置を講じ**なければならない**
- [ ] **ヒーター**で**加熱**する等の方法が考えられ、**凍結防止方法は水抜き**に限定**しない**
- [ ] 零下20±2℃は、**寒冷**地における**冬季**の**最低気温**を想定したもの
- [ ] 湯水混合水栓等において、**同一**の仕様の**凍結防止機構**が水側と湯側に付いている場合、**いずれか一方**で試験を行えばよい
- [ ] **耐久**性能と**耐寒**性能が求められる給水用具は、**10万回の開閉操作**と**低温暴露**を行ったのち、**耐圧性能**、**水撃限界性能**、**逆流防止性能**、**負圧破壊性能**のうち、**求められる**性能を有すればよい
- [ ] **10万回の開閉操作**と**低温暴露**の順序は**問わない**

5
給水装置の構造及び性能

□ **低温暴露後の確認すべき性能から浸出性能を除いたのは、低温暴露により材質等が変化し、浸出性能が変化することはないと考えられるため**

□ **耐寒**性能試験：零下 20 ± 2℃・1 時間の低温暴露
□ **耐久**性能試験（弁類）：10 万回の開閉操作

□ **耐圧**性能
□ **水撃限界**性能
□ **逆流防止**性能
□ **負圧破壊**性能
上記のうち、求められる性能を有すること

例題 1　　　　　　　　　　　　　　　　　　令和元年 問題 29

給水装置の構造及び材質の基準に定める耐寒に関する基準（以下、本問においては「耐寒性能基準」という。）及び厚生労働大臣が定める耐寒に関する試験（以下、本問においては「耐寒性能試験」という。）に関する次の記述のうち、<u>不適当なものはどれか。</u>

(1)　耐寒性能基準は、寒冷地仕様の給水用具か否かの判断基準であり、凍結のおそれがある場所において設置される給水用具はすべてこの基準を満たしていなければならないわけではない。

(2)　凍結のおそれがある場所に設置されている給水装置のうち弁類にあっては、耐寒性能試験により零下 20 度プラスマイナス 2 度の温度で 24 時間保持したのちに通水したとき、当該給水装置に係る耐圧性能、水撃限界性能、逆流防止性能及び負圧破壊性能を有するものでなければならない。

（3）　低温に暴露した後確認すべき性能基準項目から浸出性能
　　を除いたのは、低温暴露により材質等が変化することは考
　　えられず、浸出性能に変化が生じることはないと考えられ
　　ることによる。
（4）　耐寒性能基準においては、凍結防止の方法は水抜きに限
　　定しないこととしている。

解答 2

解説 零下 20 ± 2℃で 1 時間保持した後に各性能を有するもので
なければならない。

例題2　　　　　　　　　　　　　　　　平成 27 年 問題 29

給水装置の耐寒性能基準に関する次の記述のうち、<u>適当なもの
はどれか</u>。
（1）　耐寒性能基準は、寒冷地仕様の給水用具か否かの判断基
　　準であり、凍結のおそれがある場所において設置される給
　　水用具はすべてこの基準を満たしていなければならない。
（2）　耐寒性能基準においては、凍結防止の方法は水抜きに限
　　定している。
（3）　耐寒性能試験の－ 10 ± 2°C という試験温度は、寒冷地
　　における冬季の最低気温を想定したものである。
（4）　低温に暴露した後に確認すべき性能基準項目から浸出性
　　能を除いたのは、低温暴露により材質などが変化すること
　　は考えられず、浸出性能に変化が生じることはないと考え
　　られることによる。

解答 4

解説 （1）凍結のおそれがある給水用具が、すべて耐寒性能基準を満
たしていなければならないわけではない。（2）凍結防止方法は水抜き
に限定しない。（3）試験温度は零下 20 ± 2℃である。

学習 /

耐久に関する基準

□減圧弁、逃し弁、逆止弁、空気弁及び電磁弁の弁類（耐寒性能に規定するものを除く）は、10万回の開閉操作を繰り返した後、耐圧性能、水撃限界性能、逆流防止性能、負圧破壊性能を有すること

耐久性能基準の解説

□頻繁な作動を繰り返す弁類が故障することを防ぐための基準

□機械的・自動的に頻繁に作動し、かつ消費者が自らの意思で選択・設置・交換しない弁類に適用する

□10万回の開閉回数は、最低でも2〜3年程度に相当する

□適用対象は、弁類単体として製造・販売され、施工時に取り付けられるものに限る

□水栓やボールタップについては、故障が発見しやすい箇所に設置され、耐久度合いを消費者が選択できるため、適用対象にしない

□試験圧力は、最高使用圧力の1／2としている

　▶ただし、逃し弁は、圧力が上昇したときに作動するものなので、試験圧力を最高使用圧力の1.5倍としている

□10万回の開閉操作後の確認項目から浸出性能を除いたのは、開閉作動により材質等が変化し、浸出性能が変化することはないと考えられるため

□**耐久**性能試験：**10 万回**の開閉操作

□**耐圧**性能
□**水撃限界**性能
□**逆流防止**性能
□**負圧破壊**性能
上記のうち、求められる性能を有すること

例題　　　　　　　　　　　　　　　　　　　平成 28 年 問題 25

給水装置の耐久性能基準に関する次の記述のうち、<u>不適当なも</u>
<u>の</u>はどれか。

(1)　耐久性能基準は、制御弁類のうち機械的・自動的に頻繁に
　　作動し、かつ通常消費者が自らの意思で選択し、又は設置・
　　交換できるような弁類に適用する。

(2)　弁類は、耐久性能試験により 10 万回の開閉操作を繰り返
　　す。

(3)　耐久性能基準の適用対象は、弁類単体として製造・販売さ
　　れ、施工時に取付けられるものに限ることとする。

(4)　ボールタップについては、通常故障が発見しやすい箇所
　　に設置されており、耐久性能基準の適用対象にしないこと
　　としている。

解答　1

解説　消費者が自らの意思で選択したり、設置・交換したりしないよ
うな弁類に適用する。

5-9 適用される性能基準

給水管及び給水用具に適用される性能基準

給水管及び給水用具	耐圧	浸出	水撃限界	逆流防止	負圧破壊	耐寒	耐久
給水管	◎	◎	—	—	—	—	—
給水栓ボールタップ	◎	○	○	○	○	○	—
バルブ	◎	○	○	—	—	○	○
継手	◎	○	—	—	—	○	—
浄水器	○	◎	—	○	—	—	—
湯沸器	○	◎	○	○	○	—	—
逆止弁	◎	○	—	○	○	○	◎
ユニット化装置 （流し台、洗面台、浴槽、便器等）	◎	○	○	○	○	○	—
自動食器洗い機、冷水器（ウォータークーラー）、洗浄便座等	◎	○	○	○	○	○	—

凡例
◎ … 常に適用される性能基準
○ … 給水用具の種類、用途（飲用に用いる場合、浸出の性能基準が適用となる）、設置場所により適用される性能基準
— … 適用外

給水管・給水用具の性能基準適用のポイント

□耐圧性能基準：**すべてのもの**に適用される
□浸出性能基準：**飲用以外**のものには適用されない
□水撃限界性能基準：給水管、継手、**浄水器**、**湯沸器**（飲用以外）、**逆止弁**は適用されない
□耐久性能基準：バルブ、逆止弁の弁類以外には適用されない

給水装置の性能基準に関する次の記述の正誤の組み合わせのうち、適当なものはどれか。

ア　継手に適用される性能基準には、耐圧性能及び浸出性能基準がある。

イ　浄水器に適用される性能基準には、耐圧性能、浸出性能及び水撃限界性能基準がある。

ウ　逆止弁（減圧式逆流防止器を除く）に適用される性能基準には、耐圧性能、浸出性能、逆流防止性能及び耐久性能基準がある。

エ　飲用に用いる湯沸器に適用される性能基準には、耐圧性能、浸出性能及び耐久性能基準がある。

	ア	イ	ウ	エ
(1)	正	誤	正	誤
(2)	正	正	誤	誤
(3)	誤	正	誤	正
(4)	正	誤	誤	正

解答　1

解説　イ：浄水器には、**水撃限界**性能基準は適用されない。エ：湯沸器には、**耐久性能**基準は適用されない。

5

給水装置の構造及び性能

5-10 配管工事後の耐圧試験

配管工事後の耐圧試験

□ 試験水圧は定量的な基準**はなく**、水道事業者が給水区域内の実情を考慮し、定めることが**できる**

□ 試験水圧は定量的な基準**はない**が、1.75MPa を 1 分間保持する試験の実施が**望ましい**
　➡「しなければならない」ではない

□ **止水**機能のある弁は、すべて「**開**」で試験実施する
　➡ 止水性能を確認するために実施する**ものではない**

□ 柔**軟**性のある**ポリエチレン二層管、架橋ポリエチレン管、ポリブテン管**等の**樹脂管**は、耐圧試験時に管の膨張による圧力低下に注意が必要
　➡ 注意が必要なのは、**ライニング鋼管**や**波状ステンレス鋼**管などの**金属管ではない**

□ 加圧圧力や加圧時間を過大にすると、**樹脂管**や**分水栓**等を損傷するおそれがある

配管工事後の耐圧試験に関する次の記述の正誤の組み合わせのうち、<u>適当なもの</u>はどれか。

ア 配管工事後の耐圧試験の水圧は、水道事業者が給水区域内の実情を考慮し、定めることができる。

イ 新設工事の場合は、配管や接合部の施工が確実に行われたかを確認するため、試験水圧 0.75MPa を 1 分間保持する耐圧試験を実施することが望ましい。

ウ 耐圧試験を実施する場合、管が膨張し圧力が低下することに注意しなければならないのは、柔軟性のあるポリエチレン二層管、架橋ポリエチレン管、ポリブテン管である。

エ 分水栓、止水栓等止水機能のある給水用具の止水性能を確認するため、止水機能のある栓の弁はすべて「閉」状態で耐圧試験を実施する。

```
       ア      イ      ウ      エ
(1) 正 ── 誤 ── 正 ── 誤
(2) 正 ── 正 ── 誤 ── 誤
(3) 誤 ── 正 ── 誤 ── 正
(4) 正 ── 誤 ── 正 ── 正
```

5

給水装置の構造及び性能

解答 1

解説 イ：実施が望ましい試験水圧は 1.75MPa である。エ：弁はすべて「開」状態で実施する。

汚染防止

□ 末端部が**行き止まり**の給水装置は、**停滞**水が生じ、水質が悪化するおそれがあるので避ける

□ 鉛管が使用されている場合は、水道水中の鉛濃度が基準値を超えないようにするため、他の管種に取替える

□ 一時的、季節的に使用**されない**期間のある給水装置は、
　　➤ **停滞**した水を排出できる**排水機構**（水栓口等）を適切に設けること
　　➤ 適時飲用以外で**使用**して、衛生性を確保すること

□ **有害物質**等の汚染源がある場合は、給水管等が破損した際に**有害物質**が混入するおそれがあるので、**離して配管すること**
　➡ さや管などで防護しても、**近接させてはならない**

□ **合成樹脂管**は、有機溶剤等に侵されやすいため、油類が**浸透**するおそれがある箇所には、**金属管**を使用することが望ましい。**合成樹脂管**を使用する場合は、**さや管**等で**防護**措置を施すこと

□ **油類**が**浸透**するおそれのある箇所：① **ガソリンスタンド**、②**自動車整備工場**、③有機溶剤取扱事業所（倉庫）、④廃液投棄埋立地等

□ シール材、接着剤、切削油等の使用が不適当な場合、**薬品臭**、**油臭**等が発生**する**ので、必要最小限の使用とし、適切な接合とする

□ 放置される給水装置は、水質汚染、漏水などの原因となるため、不用な給水装置は**撤去**しなければならない

□ 有害物質等を取り扱う場所に給水する場合は、**受水槽**式とすること等により、**逆流防止措置**を講じる
　➡ 直結式ではなく、**受水槽**とする

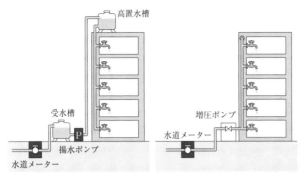

高置水槽

受水槽

揚水ポンプ

水道メーター

受水槽式の例（高置水槽式）

増圧ポンプ

水道メーター

直結式の例（直結増圧式）

クロスコネクションの防止

□ クロスコネクション：給水装置が、給水装置**以外**の水管やその他の設備に**直接連結**されること

□ クロスコネクションは、排水等が**逆流**するとともに、**配水管**を経由して汚染が拡大するため禁止されている

□ 仕切弁や逆止弁を介している場合や仮設の場合も、給水装置以外と直接連結することは、クロスコネクションと**なる**ので、**絶対に行ってはならない**

□ 給水装置と受水槽以下の配管との接続は、クロスコネクションに該当**する**

□ 給水装置と当該給水装置以外の水管、その他の設備とは、一時的な仮設であっても**直接連結**してはならない

□ クロスコネクションは、水圧状況によって給水装置内に工業用水、排水、ガス等が**逆流**するとともに、配水管を経由して他の需要者にまでその汚染が拡大する非常に危険な配管である

□ クロスコネクションの多くは、**井戸**水、**工業**用水及び事業活動で用いられている液体の管と給水管を接続した配管である

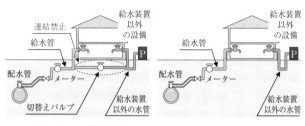

給水装置以外の設備

連結禁止

給水管

配水管

メーター

切替えバルブ

給水装置以外の水管

禁止されている配管例

給水装置以外の設備

給水管

配水管

メーター

給水装置以外の水管

正しい配管例

例題

クロスコネクションに関する次の記述の正誤の組み合わせのうち、適当なものはどれか。

ア　クロスコネクションは、水圧状況によって給水装置内に工業用水、排水、ガス等が逆流するとともに、配水管を経由して他の需要者にまでその汚染が拡大する非常に危険な配管である。

イ　給水管と井戸水配管は、両管の間に逆止弁を設置し、逆流防止の措置を講じれば、直接連結することができる。

ウ　給水装置と受水槽以下の配管との接続はクロスコネクションではない。

エ　給水装置と当該給水装置以外の水管、その他の設備とは、一時的な仮設であればこれを直接連結することができる。

	ア	イ	ウ	エ
(1)	誤	正	正	誤
(2)	正	誤	誤	誤
(3)	正	誤	正	誤
(4)	誤	誤	誤	正

解答 2

解説 イ：給水管と井戸水配管は、**直接連結することはできない**。ウ：給水装置と受水槽以下の配管との接続は**クロスコネクションである**。エ：給水装置と当該給水装置以外の水管、その他の設備とは、一時的な仮設であっても**直接連結することはできない**。

5-12 吐水口空間の確保

学習 ／

吐水口空間

□吐水口空間とは、
  ▸吐水口の**最下端**から**越流**面までの**垂直**距離（下図 A）
  ▸近接**壁**から吐水口の**中心**までの水平距離（下図 B₁）、ただし 25mm を超えるものは吐水口の最下端の**壁**側の**外**表面までの**水平**距離（下図 B₂）

□吐水口空間は、
  ▸**逆流**防止の最も一般的で確実な手段である
  ▸ボールタップ付ロータンクのように給水用具の内部で確保されて**いてもよい**

□越流面とは、
  ▸洗面器等の場合は、水受け容器の**上端**をいう
  ▸水槽等の場合は、立取出しは越流管の**上端**、横取出しは越流管の**中心**をいう

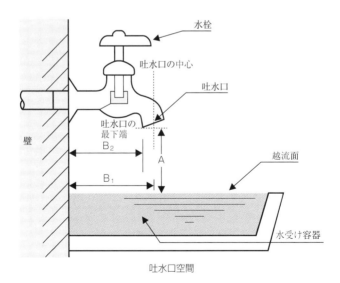

吐水口空間

5
給水装置の構造及び性能

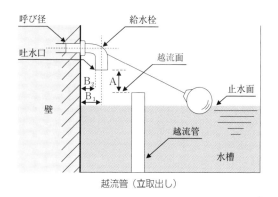

越流管（立取出し）

越流管（横取出し）

越流管内径

越流管

越流面

止水面

水槽

壁

呼び径

吐水口

給水栓

呼び径 25mm 以下の給水器具の吐水口空間

□給水器具の吐水口と越流面との間隔等は下表のとおりとし なければならない

呼び径の区分	近接壁からの吐水口の中心までの水平距離 B₁	越流面から吐水口の最下端までの垂直距離 A
13mm 以下	25mm 以上	25mm 以上
13mm を超え 20mm 以下	40mm 以上	40mm 以上
20mm を超え 25mm 以下	50mm 以上	50mm 以上

□浴槽の場合は、越流面から吐水口の最下端までの垂直距離は 50mm 未満であってはならない。

□プール、薬品水槽等の場合は、越流面から吐水口の最下端までの垂直距離は 200mm 未満であってはならない

呼び径 25mm を超える吐水口の場合

□越流面から吐水口の**最下端**までの垂直距離の満たすべき条件は、近接壁の影響がある場合、近接壁の面数と壁からの離れによって区分される。この区分は吐水口の内径 d の何倍かによって決まる。吐水口の断面が長方形の場合は、**長辺を** d とする

□垂直距離の満たすべき条件は、有効開口の内径 d' によって定められ、d' とは「吐水口の内径 d」、「こま押さえ部分の内径」、「給水栓の接続管の内径」、の 3 つのうちの**最小内径の**ことである

5 給水装置の構造及び性能

例題 1

下図に示す吐水口を有する給水装置で、呼び径が 20mm のものについて、逆流防止のために確保しなければならない近接壁からの水平距離に関する次の記述のうち、<u>適当なものはどれか</u>。ただし、図に示す壁のみが近接壁であるものとする。

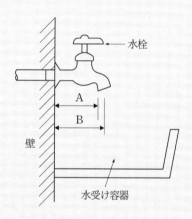

（1） 図中の距離 A を 40mm 以上確保する。
（2） 図中の距離 A を 60mm 以上確保する。
（3） 図中の距離 B を 40mm 以上確保する。
（4） 図中の距離 B を 60mm 以上確保する。

解答 3

解説 呼び径が 20mm の場合は、図中の距離 B を **40mm** 以上確保する。

例題 2

下図のように、呼び径 13mm の給水管からボールタップを通して水槽に給水している。この水槽を、事業活動に伴って薬品を入れる水槽として利用するとき、確保すべき吐水口空間に関する次の記述のうち、<u>適当なもの</u>はどれか。

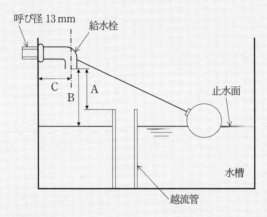

(1) 図中の距離Aを 100mm 以上、図中の距離Cを 50mm 以上確保する。

(2) 図中の距離Bを 100mm 以上、図中の距離Cを 25mm 以上確保する。

(3) 図中の距離Aを 200mm 以上、図中の距離Cを 25mm 以上確保する。

(4) 図中の距離Bを 200mm 以上、図中の距離Cを 50mm 以上確保する。

解答 3

解説 薬品を入れる水槽の場合、A は 200mm 以上。呼び径 13mm 以下の場合、C は 25mm 以上確保する。

水撃作用（ウォータハンマ）防止

水撃作用（ウォータハンマ）

□水撃作用（ウォータハンマ）が起こると給水管に**振動**や**異常音**がし、頻繁に発生すると管の**破損**や継手の**緩み**を生じ、**漏水**の原因ともなる

水撃作用（ウォータハンマ）が生じるおそれのある給水装置

□**水栓**
□**ボールタップ**
□**電磁弁**
□**元止め式瞬間**湯沸器
□空気が抜けにくい**鳥居配管**

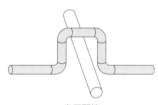

鳥居配管

水撃作用（ウォータハンマ）防止対策

□管内流速を**遅く**する
□給水管の水圧が高い時は、**減圧弁**、**定流量弁**を設置し、給水圧、流速を**下げる**
□ウォータハンマのおそれのある箇所の**手前**に近接して水撃防止器具を設置する
□**複式**ボールタップを使用する
　複式ボールタップは、閉止動作が**遅い**ので、単式ボールタップに比べてウォータハンマが発生し**にくい**

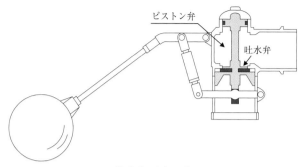

ピストン弁

吐水弁

複式ボールタップ

□水槽にボールタップで給水する場合、**波立ち**防止板等を設置する

例題　　　　　　　　　　平成28年 問題21　改題

ウォータハンマの防止に関する次の記述の<u>正誤を答えなさい</u>。

ア　ウォータハンマの発生のおそれのある場合で、給水管の水圧が高い時は、安全弁（逃し弁）を設置し給水圧を下げる。

イ　ウォータハンマの発生のおそれのある箇所には、その手前に近接して水撃防止器具を設置する。

ウ　複式ボールタップは単式ボールタップに比べてウォータハンマが発生しやすくなる傾向があり、注意が必要である。

エ　水槽にボールタップで給水する場合は、必要に応じて波立ち防止板等を設置する。

解答 ア：誤　イ：正　ウ：誤　エ：正
解説 ア：**減圧弁**を設置して給水圧を下げる。ウ：複式ボールタップはウォータハンマが発生しにくい。

学習 /

凍結防止対策

□ 凍結のおそれがある場所にあっては、
- ▸ **耐寒**性能を有する給水装置を設置　又は
- ▸ **断熱材**等により適切な凍結防止措置を講じる

□ 凍結のおそれがある場所の屋外配管は、
- ▸ **土中**に**埋設**し、かつ凍結深度より**深く**する
- ▸ やむを得ず凍結深度より**浅く**する場合は、**保温材**で**防寒**措置を講じる

□ 凍結深度とは、**地中**温度が **0℃**になるまでの**地表**からの深さ

□ 凍結のおそれがある場所の屋内配管は、管内の水を**排出**できる位置に**水抜き**用具を設置する

□ 解氷のため**熱湯**をかけると、用具類が**破損**するので**注意**が必要である

水抜き用の給水用具の種類

□ **内部貯留**式不凍給水栓
揚水管内の水を凍結深度より**深い貯留**部に**流下**させて、凍結防止する

□ 水圧により設置場所に**制限がある**

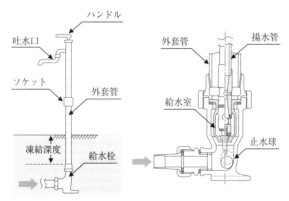

内部貯留式不凍給水栓

□**外部排水式不凍給水栓**

外套管内の水を**排水**弁から凍結深度より**深い**地中に**排水**して、凍結防止する。

排水弁から**逆流**するおそれがあるので、**逆止**弁を取付け、排水口に**砂利**などを施して**浸透**しやすくする

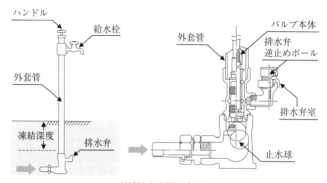

外部排水式不凍給水栓

水抜き用の給水用具

□水抜き用の給水用具は、

> 水道メーター**下流**側で屋内立上り管の間に設置する

> 汚水ます等に**直接**接続せず、**間接**排水とする

□水抜き用の給水用具の排水口は、

> 凍結深度より**深く**する

> 水抜き用**浸透**ます、**砂利**等により、滞留させずに排水する

□水抜き用の給水用具以降の配管は、

> 管内水の**排出**が容易な構造とする

> **鳥居**配管やＵ字形の配管を避け、**水抜栓**から先上がりの配管とする

> 先上がり配管・埋設配管は１／**300**以上、露出の横走り配管は１／**100**以上の勾配をつける

> 配管が長い場合、解氷作業のため、取外し可能な**ユニオン、フランジ**等を設置する

□配管途中の止水栓類は、**排水**に支障のない構造とする

□水抜きバルブ等は、**屋内又はピット内**に露出で設置する

□積雪の多い地域では、**屋内**設置式水抜き栓を用いる

凍結事故の処理

□異種の配管材料が混在しているユニット化装置、ステンレス鋼鋼管等においては、材料の比熱差による破断を避けるため、**電気**による解氷ではなく**温水**による解氷を行う

□**蒸気**を耐熱ホースで凍結管に注入する解氷方法は硬質ポリ塩化ビニル管、ポリエチレン二層管の合成樹脂管に対する凍結解氷に有効である

□**電気**解氷による場合、給水管がガス管、その他金属管と接触していないことを確認する必要がある

□凍結が発生した場合、凍結範囲が**拡大**することを防ぐため、**速やか**に処置する必要がある

例題　　　　　　　　　　　　　　　　　　　　令和元年 問題28

給水装置の凍結防止対策に関する次の記述のうち、<u>不適当なものはどれか</u>。

(1) 水抜き用の給水用具以降の配管は、配管が長い場合には、万一凍結した際に、解氷作業の便を図るため、取外し可能なユニオン、フランジ等を適切な箇所に設置する。

(2) 水抜き用の給水用具以降の配管は、管内水の排水が容易な構造とし、できるだけ鳥居配管やU字形の配管を避ける。

(3) 水抜き用の給水用具は、水道メーター下流で屋内立上り管の間に設置する。

(4) 内部貯留式不凍給水栓は、閉止時（水抜き操作）にその都度、揚水管内（立上り管）の水を貯留部に流下させる構造であり、水圧に関係なく設置場所を選ばない。

解答　4

解説　内部貯留式不凍給水栓は、水圧により設置場所に**制限がある**。

5-15 侵食防止

学習 　/

給水用具の外面防食

□ **ポリエチレンシート**を使用して、**サドル付分水栓**等を覆うようにして包み、粘着テープ等で密着、固定する

管外面の防食工

□ ポリエチレンスリーブによる被覆

ポリエチレンスリーブで被覆し、粘着テープ等で密着、固定する

> スリーブの折り曲げは、**管頂部**に重ね部分がくるようにする

> 管継手部の凹凸にスリーブがなじむよう**たるみ**を持たせる

> 管軸方向のスリーブのつなぎ部分は、**重ねあわせる**

□ 防食テープ巻きによる方法

金属管に、防食テープ・粘着テープ等を巻き付ける

① 管外面の清掃⇒**マスチック**（下地処理）⇒**プライマー**塗布

② 防食テープを下記要領で巻く

始点で1回巻き、幅1／2以上重ねて終点まで巻く

終点で1回巻き、幅1／2以上重ねて始点まで巻く

始点で1回巻く

□ 防食塗料の塗付

プライマー塗布をし、防食塗料を2回以上塗布する

□ 金属管の外面に、外面**硬質塩化ビニル**被覆、外面**ポリエチレン**被覆を施した管を使用する

管内面の防食工

□ 鋳鉄管、鋼管の穿孔した通水口には、**防食コアを挿入**する

□ 鋳鉄管の切管は、切口面に**ダクタイル管補修用塗料**を施す

□ 鋼管継手部には、**管端防食継手**、防食コア等を使用する

電食防止措置

□ 電気的絶縁物により管を**被覆**する方法、絶縁物による**遮蔽**、**絶縁接続法**、**低電位金属体**を管に接続して埋設する方法がある

5

給水装置の構造及び性能

135

□ 絶縁接続法は、管路に電気的絶縁継手を挿入して、電気的抵抗を**大きく**し、漏洩電流を**減少**させる

その他の防食工

□ 異種金属管との接続には、異種金属管用**絶縁継手**等を使用する

□ 管が構造物等を**貫通**する場合は、ポリエチレン**スリーブ**、防食テープ等を使用し、**直接**構造物に**接触**しないようにする

例題

管の侵食防止のための防食工に関する次の記述の正誤の組み合わせのうち、<u>適当なものはどれか</u>。

ア　鋳鉄管からサドル付分水栓などにより穿孔、分岐した通水口には、ダクタイル管補修用塗料を塗布するなど適切な防錆措置を施す。

イ　管外面の防食工には、ポリエチレンスリーブ、防食テープ、防食塗料を用いる方法の他、外面被覆管を使用する方法がある。

ウ　鋳鉄管の切管の内面防食には、管端防食継手を使用する。

エ　絶縁接続法とは、管路に電気的絶縁継手を挿入して、管の電気抵抗を大きくし、管に流出入する漏洩電流を減少させる方法である。

	ア	イ	ウ	エ
(1)	正	誤	正	誤
(2)	正	誤	誤	正
(3)	誤	正	誤	正
(4)	誤	正	正	誤

解答 3

解説 ア：鋳鉄管の穿孔した通水口には、**防食コア**を挿入するなど適切な防錆措置を施す。ウ：鋳鉄管の切管には、**ダクタイル管補修用塗料**を施す。

第 **6** 章

給水装置
計画論

給水方式

□ **水道事業**者ごとに、水圧状況、配水管整備状況等により給水方式の取扱いが異なるため、設計に先立ち、**水道事業**者に確認する必要がある

□ 給水方式は複数存在し、給水する**高**さ、所要**水量**、使用用途、維持管理を考慮して、決定する

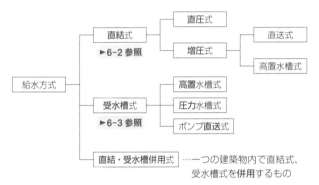

例題

平成 27 年 問題 31

給水方式に関する次の記述のうち、<u>不適当なもの</u>はどれか。

(1) 給水方式は複数存在しており、給水する高さ、所要水量、使用用途及び維持管理面を考慮して給水方式を決定する。

(2) 直結式給水は、配水管の水圧で直結給水する方式 (直結直圧式) と、給水管の途中に直結加圧形ポンプユニットを設置して給水する方式 (直結増圧式) がある。

(3) 直結・受水槽併用式給水は、一つの建築物内で直結式、受水槽式の両方の給水方式を併用するものである。

(4) 受水槽式給水には、ポンプ直送式、高置水槽式、直圧水槽式がある。

解答 4 　　　**解説** 直圧水槽式ではなく、**圧力水槽式**である。

直結式給水方式の特徴

□ 直結給水方式は、配水管から需要者の設置した給水装置の**末端**まで**有圧**で**直接**給水する方式である

□ 配水管の水圧で直結給水する**直圧**式と、給水管の途中に直結加圧形ポンプユニットを設置して給水する**増圧**式がある

□ 増圧式には、給水栓まで直接給水する**直送**式と、**高置水槽**に給水して自然流下させる**高置水槽**式がある

□ 直送式の直結加圧形ポンプユニットの容量は、**同時使用**水量を用いて決定する

□ 直結**直圧**式は、各水道事業者において対象範囲の**拡大**を図っており、**5** 階を超える建物を対象と**しているところもある**

□ 直結**増圧**式は、配水管断水時の給水装置からの**逆圧**が大きいので、ポンプユニットに近接して**逆止弁**を設置する

□ 直結式給水方式の長所と短所
  長所：**水質**管理がなされた**安全**な水を需要者に**直接**供給することができる
  短所：**貯水**機能がない方式では、災害、事故時の断減水時に水が使用できない

□ 給水装置内が負圧になっても吐出した水が逆流しないよう、末端の給水用具又は末端給水用具の直近の上流側において、**逆止弁**の設置が義務付けられている

6
給水装置計画論

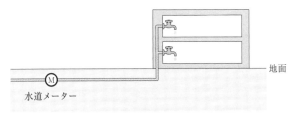

直結直圧式

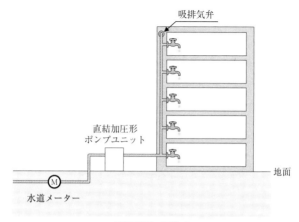

吸排気弁

直結加圧形
ポンプユニット

地面

水道メーター

直結増圧・直送式

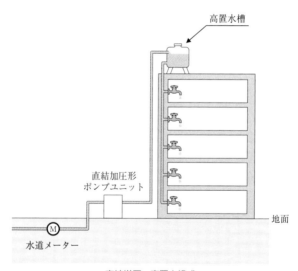

高置水槽

直結加圧形
ポンプユニット

地面

水道メーター

直結増圧・高置水槽式

直結給水システムの計画・設計に関する次の記述のうち、<u>不適当なものはどれか</u>。

(1) 給水システムの計画・設計は、当該水道事業者の直結給水システムの基準に従い、同時使用水量の算定、給水管の口径決定、ポンプ揚程の決定等を行う。

(2) 給水装置工事主任技術者は、既設建物の給水設備を受水槽式から直結式に切り替える工事を行う場合は、当該水道事業者の担当部署に建物規模や給水計画等の情報を持参して協議する。

(3) 直結加圧形ポンプユニットは、末端最高位の給水用具に一定の余裕水頭を加えた高さまで水位を確保する能力を持ち、安定かつ効率的な性能の機種を選定しなければならない。

(4) 給水装置は、給水装置内が負圧になっても給水装置から水を受ける容器などに吐出した水が給水装置内に逆流しないよう、末端の給水用具又は末端給水用具の直近の上流側において、吸排気弁の設置が義務付けられている。

解答 4

解説 逆止弁の設置が義務付けられている。

受水槽式給水方式の特徴

- □配水管から分岐し受水槽に受け、受水槽**入口**で配水系統と縁が切れる
- □一時に多量の水を使用するとき等に、**配水管**の水圧低下を引き起こすおそれがある場合は、**受水槽**式給水とする
- □受水槽の容量は、**計画1日使用水量**によって決定する
  ▶6-4 参照
- □受水槽式の長所と短所

  長所：配水管の**水圧**が変動しても受水槽以降の給水圧、給水量を**一定**に**保持**できる

  短所：受水槽の**清掃**などの管理が**不足**すると、**衛生**上の問題が生じる
- □配水管の口径に比べ受水量が大きい場合、配水管の水圧が**低下**するので、**定流量**弁などを設置する
- □配水管の水圧が高いときは、給水管の流量が**過大**となり、水道メーターに支障を来すので、**減圧**弁などを設置する

受水槽を用いた給水方式

- □受水槽式給水には、**高置水槽**式、**圧力水槽**式、**ポンプ直送**式がある
- □高置水槽式は、受水槽に受水したのち、ポンプで**高置水槽**へ汲み上げ、自然流下により給水する
- □一つの高置水槽から給水できる高さは、**10**階程度なので、高層建物では**高置水槽**や**減圧弁**を多段に設置する必要がある
- □圧力水槽式は、受水槽に受水したのち、ポンプで**圧力水槽**に貯え、その内部圧力によって給水する
- □**ポンプ直送**式は、受水槽に受水したのち、使用水量に応じて**ポンプ**の運転台数や回転数を制御して給水する

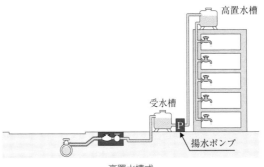

高置水槽

受水槽

P

揚水ポンプ

高置水槽式

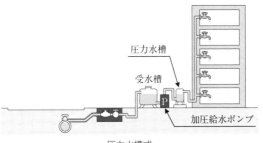

圧力水槽

受水槽

P

加圧給水ポンプ

圧力水槽式

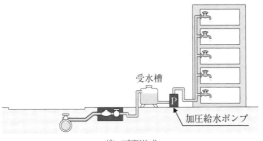

受水槽

P

加圧給水ポンプ

ポンプ直送式

受水槽式の給水方式に関する次の記述の正誤の組み合わせのうち、<u>適当なもの</u>はどれか。

ア　受水槽式は、水道水を一旦受水槽で受け給水する方式で、配水管の水圧が変動しても受水槽以降では給水圧、給水量を一定の変動幅に保持できるなどの長所がある。

イ　圧力水槽式は、受水槽に受水したのち、使用水量に応じてポンプの運転台数の変更や回転数制御によって給水する方式である。

ウ　有毒薬品を使用する工場等事業活動に伴い、水を汚染するおそれのある場所に給水する場合は、受水槽式とする。

エ　配水管の水圧が高いときは、受水槽への流入時に給水管を流れる流量が過大となるため、定水位弁、逆止弁を設置することが必要である。

```
         ア      イ      ウ      エ
(1) 正 ―― 正 ―― 誤 ―― 誤
(2) 正 ―― 誤 ―― 正 ―― 誤
(3) 誤 ―― 誤 ―― 正 ―― 正
(4) 誤 ―― 正 ―― 誤 ―― 正
```

解答　2

解説　イ：**ポンプ直送式**の説明である。エ：逆止弁ではなく、**減圧弁**を設置する。

6-4 受水槽の容量

学 / 習

受水槽容量の算定

□受水槽容量は、計画1日使用水量の **40%～60%**
（4／10～6／10）程度が標準である

受水槽容量〔m³〕
＝計画1日使用水量〔m³〕×(0.4～0.6)

□**計画1日使用水量**：給水装置に給水される1日当たりの水
量で、**受水槽**容量の決定等の基礎となる

計画1日使用水量の算定

□**使用人員**による算定

計画1日使用水量〔m³〕
＝1人1日当たり使用水量〔m³／人〕×**使用人員**〔人〕

□**延床面積**による算定

計画1日使用水量〔m³〕
＝単位床面積1日当たり使用水量〔m³／m²〕×**延床面
積**〔m²〕

6

給水装置計画論

例題 1

平成26年 問題32

受水槽式給水による従業員数 220 人（男子 140 人、女子 80 人）
の事務所における標準的な受水槽容量の範囲として、次のう
ち、<u>適当なもの</u>はどれか。

ただし、1人1日当たりの使用水量は、男子 50L/ 人、女子
100L/ 人とする。

(1) 6m³～9m³

(2) 9m³～12m³

(3) 12m³～15m³

(4) 15m³～18m³

145

解答 1

解説 男子の1日使用水量 $= 50 \times 140 = 7000$ 〔L〕$= 7$ 〔m^3〕
女子の1日使用水量 $= 100 \times 80 = 8000$ 〔L〕$= 8$ 〔m^3〕
事務所の1日使用水量 $= 7 + 8 = 15$ 〔m^3〕
受水槽容量 $= 15 \times (0.4 \sim 0.6) = 6 \sim 9$ 〔m^3〕

例題2

受水槽式による総戸数90戸（2LDK40戸、3LDK50戸）の集合住宅1棟の標準的な受水槽容量の範囲として、次のうち、適当なものはどれか。
ただし、2LDK1戸当たりの居住人員は3人、3LDK1戸当たりの居住人員は4人とし、1人1日当たりの使用水量は250Lとする。

(1) $16\text{m}^3 \sim 32\text{m}^3$

(2) $32\text{m}^3 \sim 48\text{m}^3$

(3) $48\text{m}^3 \sim 64\text{m}^3$

(4) $64\text{m}^3 \sim 80\text{m}^3$

解答 2

解説 2LDKの1日使用水量 $= 250 \times 3 \times 40 = 30000$ 〔L〕$= 30$ 〔m^3〕
3LDKの1日使用水量 $= 250 \times 4 \times 50 = 50000$ 〔L〕$= 50$ 〔m^3〕
集合住宅の1日使用水量 $= 30 + 50 = 80$ 〔m^3〕
受水槽容量 $= 80 \times (0.4 \sim 0.6) = 32 \sim 48$ 〔m^3〕

6-5 使用水量

用語の定義

- □ **計画使用水量**：給水装置に給水される水量をいい、給水管の**口径の決定**等の基礎となる
- □ **同時使用水量**：いくつかの末端給水用具が**同時**に使用された場合の使用水量であり、**瞬時**の**最大**使用水量に相当する

集合住宅等における同時使用水量の算定

- □ 1戸当たりの同時使用水量

$$= \frac{給水用具の全使用水量}{給水用具数} \times 同時使用水量比$$

  同時使用水量比：給水用具の総数に対する**同時使用**される給水用具数の比

- □ 集合住宅の同時使用水量

  ＝ 1戸当たりの同時使用水量×戸数×**同時使用戸数**率

  同時使用戸数率：集合住宅の総戸数に対する**同時使用**される戸数の割合

事務所ビル等における同時使用水量の算定

- □ 各給水用具の**給水負荷**単位に用具数を**乗じ**たものを**累計**し、**同時使用水量**図を利用して同時使用水量を求める
- □ 給水負荷単位：給水用具の種類による使用頻度、使用時間及び多数の給水用具の同時使用を考慮した負荷率を見込んで、給水流量を単位化したもの

6

給水装置計画論

147

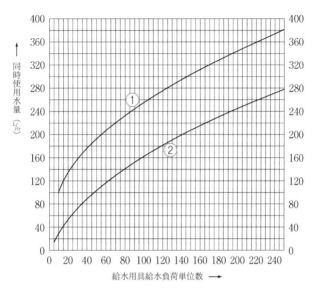

曲線①は大便器洗浄弁の多い場合、曲線②は大便器洗浄タンク (ロータンク方式
大便器等) の多い場合に用いる

同時使用水量図

直結式給水による 12 戸の集合住宅での同時使用水量として、
次のうち、適当なものはどれか。
ただし、同時使用水量は、標準化した同時使用水量により計算
する方法によるものとし、1 戸当たりの末端給水用具の個数と
使用水量、同時使用率を考慮した末端給水用具数、並びに集合
住宅の給水戸数と同時使用戸数率は、それぞれ表 − 1 から表 −
3 のとおりとする。

(1)　240L/分

(2)　270L/分

(3)　300L/分

(4)　330L/分

表-1　1戸当たりの給水用具の個数と使用水量

給水用具	個数	使用水量（L/分）
台所流し	1	12
洗濯流し	1	12
洗面器	1	8
浴槽（和式）	1	20
大便器（洗浄タンク）	1	12

表-2　末端給水用具数と同時使用水量比

総末端給水用具数	1	2	3	4	5	6	7	8	9	10	15	20	30
同時使用水量比	1.0	1.4	1.7	2.0	2.2	2.4	2.6	2.8	2.9	3.0	3.5	4.0	5.0

表-3　給水戸数と同時使用戸数率

給水戸数	1〜3	4〜10	11〜20	21〜30	31〜40	41〜60	61〜80	81〜100
同時使用戸数率（%）	100	90	80	70	65	60	55	50

6

給水装置計画論

解答　2

解説　表-1より、給水用具の全使用水量を求めると

給水用具の全使用水量 $= 1 \times 12 + 1 \times 12 + 1 \times 8 + 1 \times 20 + 1 \times 12$
$= 64$〔L／分〕

表-2より、給水用具数5の同時使用水量比は2.2と求まる。

1戸当たりの同時使用水量 $= \dfrac{64}{5} \times 2.2 = 28.16$〔L／分〕

表-3より、戸数12戸の同時使用率は80〔%〕$= 0.8$と求まる。

集合住宅の同時使用水量 $= 28.16 \times 12 \times 0.8 = 270.336 ≒ 270$〔L／分〕

例題2

平成26年 問題33

図−1に示す事務所ビル全体の同時使用水量を給水用具給水負荷単位により算定した場合、次のうち、<u>適当なもの</u>はどれか。

ここで、4つの事務所には、それぞれ大便器（洗浄タンク）、小便器（洗浄タンク）、洗面器、事務室用流し、掃除用流しが1栓ずつ設置されているものとし、各給水用具の給水負荷単位及び同時使用水量との関係は、表−1及び図−2を用いるものとする。

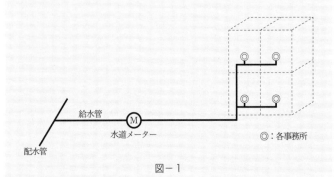

図−1

(1) 40L/分　　(2) 68L/分
(3) 125L/分　　(4) 220L/分

表−1 給水用具給水負荷単位

給水用具名	水栓	給水用具給水負荷単位 公衆用
大 便 器	洗浄タンク	5
小 便 器	洗浄タンク	3
洗 面 器	給 水 栓	2
事務室用流し	給 水 栓	3
掃除用流し	給 水 栓	4

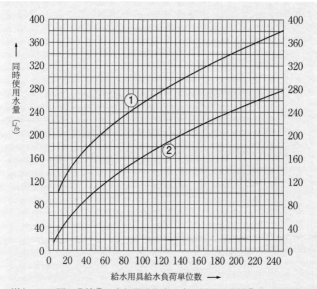

（注）　この図の曲線①は大便器洗浄弁の多い場合、曲線②は大便器洗浄タンク（ロータンク方式大便器等）の多い場合に用いる。

図 - 2　給水用具給水負荷単位による同時使用水量

解答 3

解説 表 - 1 より、給水負荷単位の累計を求めると

給水負荷単位の累計 ＝（1×5＋1×3＋1×2＋1×3＋1×4）×4＝17×4＝68

図 -2 の曲線②より、給水負荷単位 68 の同時使用水量は 125〔L／分〕が適当である。

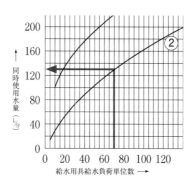

151

給水管の口径決定

- □給水管の口径は、水道事業者の定める配水管の**水圧**において、**計画使用水量**を十分に供給できるもので、かつ**経済性**も考慮した合理的な大きさにする

- □口径は、給水用具の**立ち上がり**高さと**計画**使用水量に対する**総損失**水頭を加えたものが、配水管の計画**最小動水**圧の水頭以下となるように定める

- □将来の使用**水量**の増加、配水管の**水圧**変動を考慮し、**余裕水頭**を確保しておく

例題

平成 28 年 問題 33

給水管の口径の決定に関する次の記述の □ 内に入る語句の組み合わせのうち、適当なものはどれか。

給水管の口径は、各水道事業者の定める配水管の水圧において、 ア を十分に供給できるもので、かつ イ も考慮した合理的な大きさにする。

口径は、給水用具の立上がり高さと ア に対する ウ を加えたものが、給水管を取り出す配水管の エ の水頭以下となるよう計算によって定める。

	ア	イ	ウ	エ
(1)	同時使用水量	施工性	総損失水頭	計画最大静水圧
(2)	計画使用水量	経済性	総余裕水頭	計画最大静水圧
(3)	同時使用水量	施工性	総余裕水頭	計画最小動水圧
(4)	計画使用水量	経済性	総損失水頭	計画最小動水圧

解答 4

解説 本文参照

6-7 水理計算の基礎

用語

- □ **流量**：単位時間当たりに流れる水量〔L／秒〕
- □ **水頭**：水圧を水柱の高さで表したもの〔m〕
- □ **損失水頭**：給水管、給水用具、メーター等を水が通過するときに**失われる**水頭〔m〕
- □ **摩擦損失水頭**：配管を水が通過するときに**摩擦**により**失われる**水頭〔m〕
- □ **動水勾配**：配管の単位長さ当たりの**摩擦損失**水頭の**千分率**〔‰〕（パーミル）

$$動水勾配 = \frac{配管の摩擦損失水頭〔m〕}{配管の長さ〔m〕} \times 1000 〔‰〕$$

- □ **直管換算長**
  曲がり、給水用具、メーター等の**損失水頭**を、相当する直管の**長さ**に換算したもの〔m〕

動水勾配線図

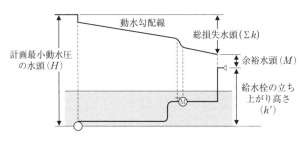

$$H = h' + \Sigma h + M 〔m〕, \quad H > h' + \Sigma h$$

H：計画最小動水圧の水頭（**配水管**における水頭の最小値）〔m〕
h'：給水栓の立ち上がり高さ（**配水管**と**給水栓**の高低差）〔m〕
Σh：総損失水頭（給水管、給水用具、メーター等の損失水頭の総和）〔m〕
M：余裕水頭（**給水栓**における水頭）〔m〕

153

例題

下図は給水管口径を決定するための各損失水頭を考慮した動水
勾配線図であるが、□□□内に入る語句の組み合わせのうち、
適当なものはどれか。

	ア	イ	ウ
(1)	計画最大動水圧の水頭 ——	摩擦損失水頭 ——	有効水頭
(2)	計画最小動水圧の水頭 ——	総損失水頭 ——	余裕水頭
(3)	計画最小動水圧の水頭 ——	摩擦損失水頭 ——	有効水頭
(4)	計画最大動水圧の水頭 ——	総損失水頭 ——	余裕水頭

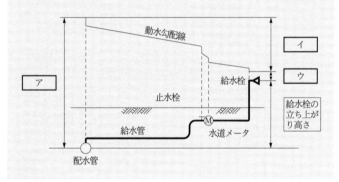

解答 2

解説 アは計画最小動水圧の水頭、イは総損失水頭、ウは余裕水頭で
ある。

6-8 ウエストン公式の流量図

ウエストン公式による給水管の流量図

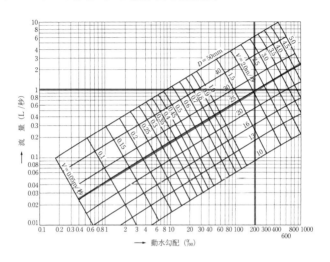

縦軸：流量〔L／秒〕　－①

横軸：動水勾配〔‰〕　－②

斜軸：口径（D）〔mm〕　－③

①②③のうち2つがわかれば、流量図より残り1つがわかる

例：口径25〔mm〕、1「L／秒」の流量のときの動水勾配は200〔‰〕

6

給水装置計画論

155

図−1に示す給水管（口径20mm）に15L/分の水を流した場合、給水管A〜B間の摩擦損失水頭として、次のうち、<u>適当なものはどれか</u>。

ただし、給水管の流量と動水勾配の関係はp.159の図を用い、管の曲がりによる損失水頭は考慮しないものとする。

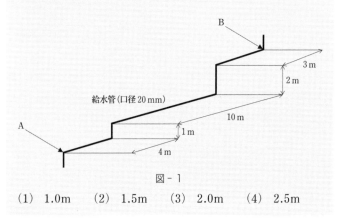

図−1

(1)　1.0m　　　(2)　1.5m　　　(3)　2.0m　　　(4)　2.5m

解答　1

解説　摩擦損失水頭の算定の問題である。解き方の手順は次の通り。

1. 口径は、20〔mm〕である。
2. 流量は、15〔L／分〕＝15/60＝0.25〔L／秒〕である。
3. 流量図の口径20〔mm〕、流量0.25〔L／秒〕の交点より、動水勾配50〔‰〕と読み取れる。
4. 動水勾配と配管の長さより、摩擦損失水頭を求める。
5. 配管の長さは、図より20〔m〕である。
6. 配管の摩擦損失水頭は、次式で求められる。

$$動水勾配 = \frac{配管の摩擦損失水頭}{配管の長さ} \times 1000〔‰〕より$$

配管の摩擦損失水頭＝

$$配管の長さ \times \frac{動水勾配}{1000} = 20 \times \frac{50}{1000} = 1.0〔m〕$$

図 - 1 に示す給水装置において、B 地点の余裕水頭が 5m の場合の給水栓からの流出量として、次のうち、<u>適当なものはどれか</u>。

(1) 18L/ 分　(2) 28L/ 分　(3) 38L/ 分　(4) 48L/ 分

　なお、計算に用いる数値条件は次のとおりとし、給水管の流量と動水勾配の関係は、p.159 の図を用いて求めるものとする。

・A～B 間の給水管の口径　20mm
・分水栓、甲形止水栓、水道メーター及び給水栓並びに管の曲がりによる損失水頭の合計　8 m
・A 地点における配水管の水圧　水頭として 20m

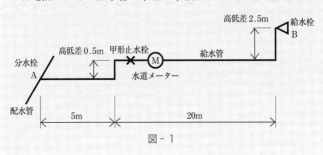

図 - 1

解答 2

解説 流量の算定の問題である。解き方の手順は次の通り。

1. 口径は、20〔mm〕である。
2. 動水勾配を、配管の長さと摩擦損失水頭より求める。
3. 配管の長さは、図より 28〔m〕である。
4. 配管の摩擦損失水頭は、次式で求まる。

配管の摩擦損失水頭
＝配水管の水頭－高低差－分水栓等の損失水頭－余裕水頭
＝ 20 － 3 － 8 － 5 ＝ 4〔m〕

5. 動水勾配は、次式で求められる。

$$動水勾配 = \frac{配管の摩擦損失水頭}{配管の長さ} \times 1000 = \frac{4}{28} \times 1000 ≒ 143〔‰〕$$

6

給水装置計画論

6. 流量図の動水勾配143〔‰〕、口径20〔mm〕の交点より、流量0.47〔L／秒〕と読み取れる。

7. 1分間は60秒であるので、0.47×60≒28〔L／分〕と求まる。

平成25年 問題35

図－1に示す給水装置におけるA～B間で最低限必要な給水管口径として、<u>適当なもの</u>はどれか。

　ただし、A～B間の口径は同一で、損失水頭は給水管の損失水頭と総給水用具の損失水頭とし、給水管の流量と動水勾配の関係はp.159の図を用い、管の曲がりによる損失水頭は考慮しないものとする。また、計算に用いる数値条件は次の通りとする。

①配水管水圧　水頭として20m

②給水管の使用水量　36L/分

③余裕水頭　10m

④A～B間の総給水用具（分水栓、甲形止水栓、水道メーター及び給水栓）の損失水頭の直管換算長25m

図－1　給水装置

(1)　13mm　　　　(2)　20mm

(3)　25mm　　　　(4)　30mm

解答 3

解説 口径の算定の問題である。

1. 流量は、$36 \, [\text{L／分}] = \dfrac{36}{60} = 0.6 \, [\text{L／秒}]$ である。

2. 動水勾配を、**配管の長さ**と**摩擦損失水頭**より求める。

3. 配管の実長は、図より 23m である。

4. 配管の換算長さは、$23 + 25 = 48 \, [\text{m}]$ である。

5. 配管の摩擦損失水頭は、次式で求められる。

   配管の摩擦損失水頭 ＝ **配水管の水頭** － **立上り高さ** － **余裕水頭**

   $$= 20 - 3 - 10 = 7 \, [\text{m}]$$

6. 動水勾配は、次式で求められる。

   動水勾配 ＝ $\dfrac{\text{配管の摩擦損失水頭}}{\text{配管の長さ}} \times 1000 = \dfrac{7}{48} \times 1000 \fallingdotseq 146 \, [‰]$

7. 流量図の動水勾配 146 〔‰〕、流量 0.6 〔L／秒〕の交点は、口径 20 と 25 〔mm〕の間と読み取れる。

8. 大きい口径を採用し、25 〔mm〕となる。

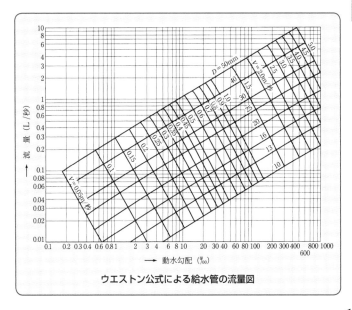

ウエストン公式による給水管の流量図

水栓類の損失水頭

口径 20mm

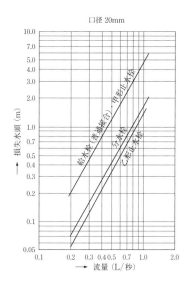

縦軸：
損失水頭〔m〕 －①
横軸：
流量〔L／秒〕 －②
標題：
口径（D）〔mm〕 －③
③口径と②流量から
①損失水頭を読み取る

口径 25mm

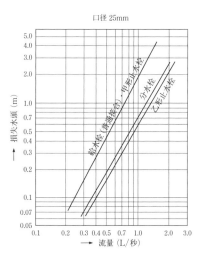

水道メーターの損失水頭

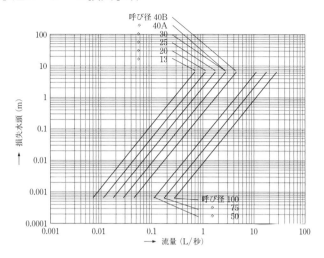

縦軸：損失水頭〔m〕 －①

横軸：流量〔L／秒〕 －②

斜軸：呼び径 －③

③呼び径（口径）と②流量から①損失水頭を読み取る

例題

下図の分水栓、甲形止水栓、水道メーター及び給水栓の損失水頭〔m〕の**総和を求めよ**。

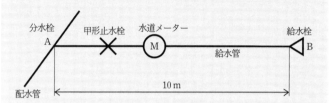

損失水頭等は、p.160, 161「水栓類の損失水頭」及び「水道メーターの損失水頭」の図を使用して求めるものとし、給水管の流量は 30〔L／分〕、口径は 20〔mm〕とする。

解答 4〔m〕

解説

1. 水栓類の損失水頭を求める。

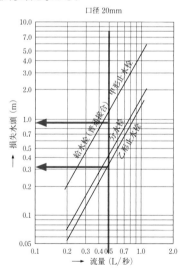

口径 20mm

162

分水栓の損失水頭は、

口径 20〔mm〕、流量 30／60＝0.5〔L／秒〕より、0.4〔m〕

甲形止水栓の損失水頭は、

口径 20〔mm〕、流量 0.5〔L／秒〕より、1.2〔m〕

給水栓の損失水頭は、

口径 20〔mm〕、流量 0.5〔L／秒〕より、1.2〔m〕と読み取れる

2. 水道メーターの損失水頭を求める。

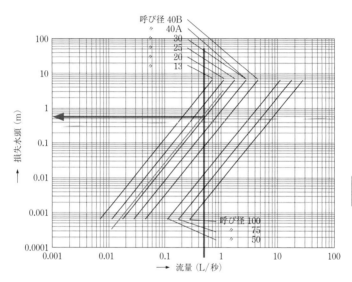

水道メーターの損失水頭は、口径 20〔mm〕、流量 0.5〔L／秒〕より、1.2〔m〕と読み取れる。

3. 分水栓、甲形止水栓、水道メーター及び給水栓の損失水頭の総和は、0.4＋1.2＋1.2＋1.2＝4〔m〕

直結加圧形ポンプユニット の吐出圧

直結給水システムの計画及び設計

□ 給水装置は、給水装置内が負圧になっても給水装置から水を 受ける容器などに吐出した水が給水装置内に**逆流**しないよ う、**逆流防止措置**が義務付けられている

□ 直結加圧形ポンプユニットに近接して設置する**逆流防止器** の形式は、**水道事業者の直結給水システムの基準等**による

□ **水道事業者の直結給水システムの基準等**に従い、**同時**使用水 量の算定、給水管の**口径**の決定、ポンプ**揚程**の決定等を行う

□ 既設建物の給水設備を受水槽式から直結式に切り替える場 合にあっては、**水道事業者の直結給水システムの基準等**を確 認する

直結加圧形ポンプユニットの吐水圧

直結加圧形ポンプユニットの吐水圧は、下記の合計値となる

□ 直結加圧形ポンプユニットの**下流側**の給水管、給水用具の**圧 力損失**

□ **末端最高位**の給水用具を使用するために必要な**水圧**

□ 直結加圧形ポンプユニットと**末端最高位**の給水用具との**高 低差**

□ 次式のとおりである

直結加圧形ポンプユニットの吐水圧（圧力水頭）

＝ポンプユニット**下流側の総損失水頭**＋**立ち上がり**高さ＋ **余裕水頭**〔m〕

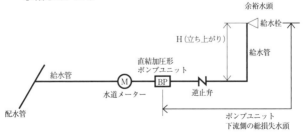

図 -1 に示す直結式給水による 2 階建て戸建て住宅で、全所要水頭として<u>適当なもの</u>はどれか。

なお、計画使用水量は同時使用率を考慮して表 -1 により算出するものとし、器具の損失水頭は器具ごとの使用水量において表 -2 により、給水管の動水勾配は表 -3 によるものとする。

(1)　9.9m

(2)　12.6m

(3)　14.4m

(4)　15.1m

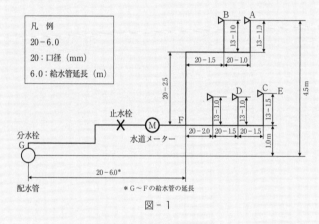

凡　例

20 - 6.0

20：口径（mm）

6.0：給水管延長（m）

止水栓

分水栓

G

水道メーター

20 - 6.0*

配水管

＊G～F の給水管の延長

図 - 1

表 -1　計画使用水量

給水用具名	同時使用の有無	計画使用水量
A　台所流し	使用	12（L/ 分）
B　洗面器	―	8（L/ 分）
C　浴槽	使用	20（L/ 分）
D　洗面器	―	8（L/ 分）
E　大便器	使用	12（L/ 分）

6

給水装置計画論

165

表-2 器具の損失水頭

給水用具等	損失水頭
給水栓 A（台所流し）	0.8（m）
給水栓 C（浴槽）	2.3（m）
給水栓 E（大便器）	0.8（m）
水道メーター	3.0（m）
止水栓	2.7（m）
分水栓	0.9（m）

表-3 給水管の動水勾配

	13mm	20mm
12（L/分）	200（‰）	40（‰）
20（L/分）	600（‰）	100（‰）
32（L/分）	1300（‰）	200（‰）
44（L/分）	2300（‰）	350（‰）
60（L/分）	4000（‰）	600（‰）

【解答】 4

【解説】

① G-A 間、G-C 間の各部の流量は赤字のとおりである。

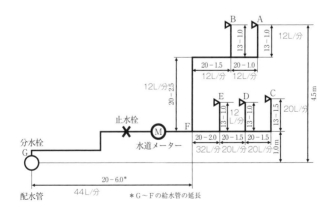

② G-A 間、G-C 間の各部の動水勾配は図の赤字のとおりである。

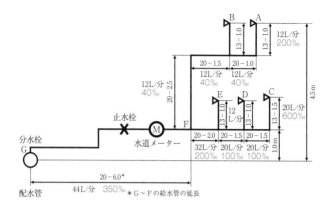

③ G-A 間、C-C 間の器具の損失水頭は図の赤字のとおりである

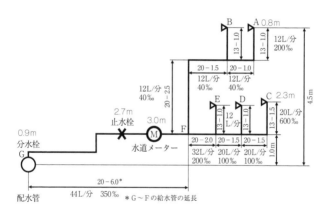

④ G-A 間、G-C 間の高低差は図の四角のとおりである。

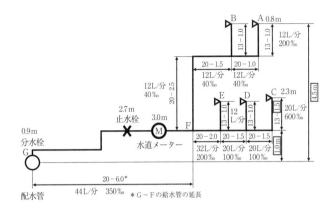

G－A 間の配管の摩擦損失＝ 6.0 × 0.35 ＋ 2.5 × 0.04 ＋ 1.5 × 0.04
　　　　　　　　　　　＋ 1.0 × 0.04 ＋ 1.0 × 0.2 ＝ 2.5[m]
G－A 間の器具の損失水頭＝ 0.9 ＋ 2.7 ＋ 3.0 ＋ 0.8 ＝ 7.4[m]
G－A 間の高低差＝ 4.5[m]
G－A 間の総損失水頭＝ 2.5 ＋ 7.4 ＋ 4.5 ＝ 14.4[m]

G－C 間の配管の摩擦損失＝ 6.0 × 0.35 ＋ 2.0 × 0.2 ＋ 1.5 × 0.1
　　　　　　　　　　　＋ 1.5 × 0.1 ＋ 1.5 × 0.6 ＝ 3.7[m]
G－C 間の器具の損失水頭＝ 0.9 ＋ 2.7 ＋ 3.0 ＋ 2.3 ＝ 8.9[m]
G－C 間の高低差＝ 1.0 ＋ 1.5 ＝ 2.5[m]
G－C 間の総損失水頭＝ 3.7 ＋ 8.9 ＋ 2.5 ＝ 15.1[m]

G－A 間の総損失水頭 14.4[m] よりも、G－C 間の総損失水頭 15.1[m] の方が数値が大きいので、直結式給水による全所要水頭は（4）15.1m である。

例題2

図 - 1に示す給水装置における直結加圧形ポンプユニットの吐水圧（圧力水頭）を求めよ（小数第1位を四捨五入）。

ただし、給水管の摩擦損失水頭と逆止弁による損失水頭は考慮するが、管の曲がりによる損失水頭は考慮しないものとし、給水管の流量と動水勾配の関係は、p.159 の「ウエストン公式による給水管の流量図」を用いるものとする。また、計算に用いる数値条件は次のとおりとする。

①給水栓の使用水量　30L/ 分

②給水管及び給水用具の口径　20mm

③給水栓を使用するために必要な圧力　5m

④逆止弁の損失水頭　10m

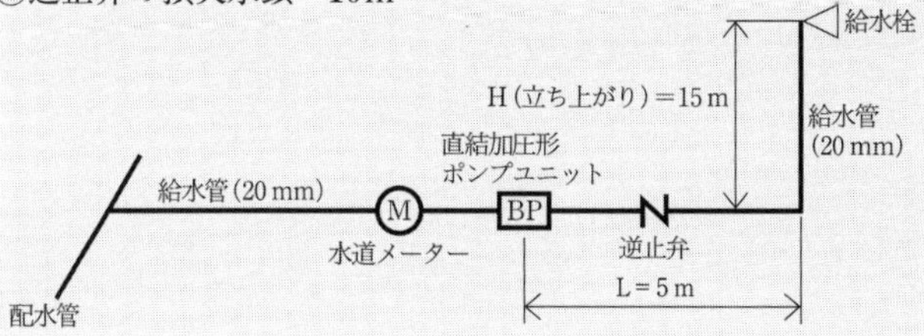

図 - 1

解答 33〔m〕

解説

1. 給水管の動水勾配は、流量図の口径 20〔mm〕、流量 30／60 ＝0.5〔L／秒〕の交点より、150〔‰〕と読み取れる。

2. ポンプユニット下流側の配管の長さは、図より 5＋15＝20〔m〕である。

3. ポンプユニット下流側の配管の摩擦損失水頭を求める。

$$配管の摩擦損失水頭＝配管の長さ \times \frac{動水勾配}{1000}＝20 \times \frac{150}{1000}$$

$$＝3.0〔m〕$$

6

給水装置計画論

4. ポンプユニット下流側の総損失水頭を求める

　　総損失水頭

　　　　　＝配管の**摩擦損失水頭** ＋ 給水用具（逆止弁）の**損失水頭**

　　　　　＝3.0＋10＝13.0〔m〕

5. ポンプユニットの吐水圧（圧力水頭）を求める

　　ポンプユニットの吐水圧（圧力水頭）

　　　　　＝ ポンプユニット**下流側の総損失水頭** ＋ **立ち上がり高さ**

　　　　　＋ **余裕水頭**（給水栓の必要圧力）

　　　　　＝13.0＋15＋5＝33.0＝33〔m〕

6-11 給水装置工事の図面作成　学習 /

図面の種類

- 給水装置工事の計画、施工は、**位置図**、**平面図**を作成し、必要に応じて**詳細図**、**立面図**、**立体図**を作成する
- **位置図**：給水家屋、付近の状況等の位置を図示したもの
- **平面図**：道路及び建築**平面図**に給水装置及び配水管の位置を図示したもの
- **詳細図**：**平面図**で表すことのできない部分を別途詳細に図示したもの
- **立面図**：建物や給水管の配管状況等を図示したもの
- **立体図**：給水管の配管状況等を立体的に図示したもの

縮尺・単位・方位

- 平面図は、縮尺 1／100〜1／500 の範囲で適宜作成する
- 縮尺は**図面**ごとに記入する
- 給水管及び配水管の口径の単位は mm とし、単位記号はつけない
- 給水管の延長の単位は m とし、単位記号は**つけない**
- **必ず**方位を記入し、**北**を上にすることを原則とする

その他

- 管種・口径の表示は、平面図・立面図とも給水管・給湯管について、それぞれ一口径、一管種に限り省略**できる**。この場合、**省略**した口径、管種を**凡例**表示する
- **受水槽**式給水の場合の図面は、**直結**給水部分（**受水槽**まで）と**受水槽**以下に分ける

6

給水装置計画論

171

例題

給水装置工事の図面作成に関する次の記述の正誤の組み合わせのうち、<u>適当なもの</u>はどれか。

ア　給水管及び配水管の口径と給水管の延長の単位は mm とし、単位記号はつけない。

イ　作図に当たっては必ず方位を記入し、北の方向を上にすることを原則とする。

ウ　平面図で表すことのできない部分に関して、縮尺の変更による拡大図等により図示し、この図を詳細図という。

エ　管種及び口径の表示は、平面図・立面図とも給水管及び給湯管について、それぞれ一口径、一管種に限り省略することができる。この場合、省略した口径、管種を凡例表示する。

	ア	イ	ウ	エ
(1)	正	正	誤	正
(2)	正	誤	正	誤
(3)	誤	正	正	正
(4)	誤	正	誤	誤

解答　3

解説　ア：給水管の延長の単位は m とし、単位記号はつけない。

第 **7** 章

給水装置の
概要

7-1 水道メーターの分類

学習 /

水道メーターの分類

□水道メーターは計量方法により、次の2つにわけられる

> ▶ **流速式**（推測式）：水の流速を測定して流量に換算する

> ▶ **容積式**（実測式）：水の体積を測定する

我が国で使用されているほとんどが**流速式**である

□羽根車式は、羽根車の**回転数**と通過水量が比例することに着目して計量する

□**電磁式**は、可動部がないため、耐久性に優れ、小流量から大流量までの計測に適する

□**接線流**羽根車式は、計量室内に設置された羽根車にノズルから**接線**方向に水流を当てて、羽根車を回転させて計量する

□**軸流**羽根車式は、管状の器内に設置された流れに**平行**な軸をもつ螺旋状の羽根車を回転させて計量するもので、たて形とよこ形に分類される

□たて形軸流羽根車式は、水流が、**垂直**に設置された螺旋状羽根車に沿って**下方**から**上方**に流れ、水流が迂流するため、よこ形にくらべて損失水頭が**大きい**

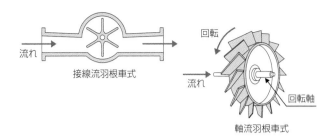

接線流羽根車式

回転

流れ

回転軸

軸流羽根車式

□ よこ形軸流羽根車式は、水流が、**水平**に設置された螺旋状羽
根車に沿って流れ、水流が**直流**であるため、たて形にくらべ
て損失水頭が**小さい**

例題 平成 27 年 問題 44

水道メーターに関する次の記述の[ ]内に入る語句の組み
合わせのうち、**適当なもの**はどれか。

たて形軸流羽根車式水道メーターは、メーターケースに流入
した水流が、整流器を通って、[ア]に設置された螺旋状羽
根車に沿って[イ]に流れ、羽根車を回転させる構造となっ
ている。水の流れがメーター内で[ウ]するため、よこ形軸
流羽根車式にくらべて損失水頭が[エ]。

	ア	イ	ウ	エ
(1)	水平	下方から上方	直流	やや小さい
(2)	垂直	上方から下方	直流	やや大きい
(3)	水平	上方から下方	迂流	やや小さい
(4)	垂直	下方から上方	迂流	やや大きい

解答 4

解説 **垂直**に設置した羽根車に沿って**下方**から**上方**に流れる**迂流**のた
め損失水頭が**大きい**。

7-2 水道メーターの構造

学習 /

水道メーターの構造

□**単**箱形：メーターケース内に流入した水流を、羽根車に直接
与える構造のもの

□**複**箱形：メーターケースの中に別の計量室（インナーケー
ス）をもち、複数のノズルから羽根車に噴射水流を与える構
造のもの

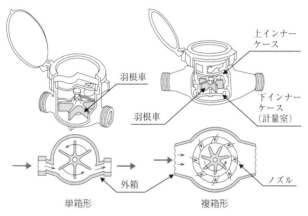

単箱形　　　　　　　　　　　複箱形

□指示部は、計量値をデジタル表示する**直**読式と、アナログ表
示する**円**読式がある

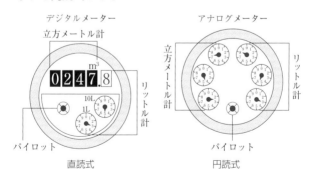

直読式　　　　　　　　　　　円読式

□指示部の形態が**電子**式のものは、羽根車に**永久磁石**を取付けて、羽根車の回転を**磁気**センサで電気信号として検出し、演算処理して、通過水量を表示する

□水道メーターの計量部の形態が**可逆**式のものは、正方向と逆方向からの通過水量を計量する計量室をもっており、**正**方向は**加算**、**逆**方向は**減算**する構造である

水道メーターに関する次の記述のうち、<u>不適当なものはどれか</u>。

(1)　水道メーターの遠隔指示装置は、発信装置（又は記憶装置）、信号伝達部（ケーブル）及び受信器から構成される。

(2)　水道メーターの計量部の形態で、複箱形とは、メーターケースの中に別の計量室（インナーケース）をもち、複数のノズルから羽根車に噴射水流を与える構造のものである。

(3)　電磁式水道メーターは、給水管と同じ呼び径の直管で機械的可動部がないため耐久性に優れ、小流量から大流量まで広範囲な計測に適する。

(4)　水道メーターの指示部の形態で、機械式とは、羽根車に永久磁石を取付けて、羽根車の回転を磁気センサで電気信号として検出し、集積回路により演算処理して、通過水量を液晶表示する方式である。

解答 4

解説 選択肢の説明にある方式は、機械式ではなく**電子式**である。

学習 /

水道メーターの設置

□水道メーターは、**計量法**に定める検定に合格したものを設置し、有効期間である **8 年以内**に、検定に合格したものと交換しなければならない

□水道メーターは、許容流量範囲を超えて水を流すと、正しい計量ができなくなるおそれがあるため、水道メーターの**口径**決定に際しては、適正使用流量範囲、瞬時使用の許容流量等に十分留意する必要がある

□水道メーターは、各**水道事業者**により使用する型式が異なるため、設計に当たっては、あらかじめ確認する必要がある

□水道メーターの**遠隔**指示装置は、メーターから**離れた**場所で能率よく検針するために設けるものであり、発信装置（又は記憶装置）、信号伝送部（ケーブル）及び受信器から構成される

水道メーターに関する次の記述の [＿＿＿＿] 内に入る語句の組み合わせのうち、<u>適当なもの</u>はどれか。

　水道メーターは、[ア] に定める特定計量器の検定に合格したものを設置し、検定有効期間である [イ] 以内に、検定に合格したメーターと交換しなければならない。

　水道メーターの計量方法は、水の体積を測定する容積式（実測式）と、流れている水の流速を測定して流量に換算する流速式（推測式）に分類され、我が国で使用されている水道メーターのほとんどが [ウ] である。

　水道メーターは、主に [エ] と通過水量が比例することに着目して計量する羽根車式が使用されている。

	ア	イ	ウ	エ
(1)	水道法	6 年	容積式	羽根車の回転数
(2)	計量法	8 年	流速式	羽根車の回転数
(3)	計量法	6 年	流速式	羽根車への水圧
(4)	水道法	8 年	容積式	羽根車への水圧

解答 2

解説 水道メーターの検定有効期間は、計量法により 8 年である。流速式が多用されている。羽根車式は、**羽根車の回転数**と通過水量が比例することにより計量している。

増圧給水設備

- □ 配水管の圧力では給水できない**中高層建物**において、**末端最高位**の給水用具を使用するために必要な圧力を増圧し、給水用具への**吐水圧**を確保する設備である
- □ 加圧形ポンプ、制御盤、圧力タンク、**逆止弁**等を組み込んだユニット形式が多い
- □ 他の需要者に支障を生じないよう、配水管の**水圧**に影響を及ぼさないものであること
- □ 配水管の**水圧**に影響を及ぼすポンプに、直接連結しないこと
- □ 停滞**空気**が発生しない構造とし、かつ、**衝撃**防止のための必要な措置を講じる
- □ **低層階**等で、給水圧が**過大**になる場合には、必要に応じ**減圧**することが望ましい
- □ 設置位置は、原則として水道メーターの**下流側**で、点検・修繕**スペース**を確保する
- □ 逆流防止機器は、**減圧式逆流防止器**等の**信頼**性の高い逆止弁とする
- □ **減圧式逆流防止器**を設置する場合は、その吐水口からの**排水**等により、増圧給水設備が**水没**することなどのないよう、排水処理を考慮する

加圧形ポンプの要件

- □ 水質に影響を及ぼさないこと
- □ **安全性**を十分確保していること
- □ 配水管の**水圧**の変化及び使用**水量**に対応でき、安定給水ができること
- □ 始動、停止、応答による配水管の**圧力**変動が極小さく、**脈動**を生じないこと
- □ 吸込側の水圧が**低下**したとき自動停止し、水圧が回復したとき自動復帰すること

□吸込側の水圧が**上昇**したとき自動停止し、バイパスにより直
結直圧給水ができること

□使用**水量**が少ないとき自動停止すること

□吐水圧の設定値は、次の合計である

> ▶下流側の給水管及び給水用具の**圧力損失**

> ▶**末**端最高位の給水用具を使用するために必要な**水圧**

> ▶直結加圧形ポンプユニットと**末**端**最高**位の給水用具との
> **高低**差

例題   平成24年 問題34

直結加圧形ポンプユニットに関する次の記述の[　　　]内に入
る語句の組み合わせのうち、<u>適当なものはどれか</u>。

　直結加圧形ポンプユニットの[　ア　]の設定値は、直結加圧
形ポンプユニットの下流側の給水管及び給水用具の[　イ　]、
[　ウ　]の給水用具を使用するために必要な[　エ　]、及び直
結加圧形ポンプユニットと[　ウ　]の給水用具との高低差の合
計となる。

	ア	イ	ウ	エ
(1)	吐水圧	圧力損失	末端最高位	水圧
(2)	吐水量	摩擦損失	直近最高位	流量
(3)	吐水圧	圧力損失	直近最低位	水圧
(4)	吐水量	摩擦損失	末端最低位	流量

解答 1

解説 吐水圧の設定値は、ポンプ下流の**圧力損失**、末端最高位に必要
な**水圧**、高低差の合計である。

7

給水装置の概要

181

直結加圧形ポンプユニット

□加圧ポンプは、複数のポンプで構成されている。

▶故障時：自動切替えにより、正常なポンプで給水を確保する

▶通常時：各ポンプの運転に偏りがないように、自動交互運転している

□圧力タンクは、ポンプが頻繁に入・切を繰り返すことを防ぐものであり、停電時の給水のためではない

□電気設備などが含まれるので、設備に精通した者に施工させることが望ましい

例題 1

平成 28 年 問題 50

直結加圧形ポンプユニットに関する次の記述の正誤の組み合わせのうち、適当なものはどれか。

ア　直結加圧形ポンプユニットは、給水装置に設置して中高層建物に直接給水することを目的に開発されたポンプ設備で、その機能に必要な構成機器すべてをユニットにしたものである。

イ　直結加圧形ポンプユニットの圧力タンクは、停電によりポンプが停止したとき、蓄圧機能により圧力タンク内の水を供給することを目的としたものである。

ウ　直結加圧形ポンプユニットは、通常、加圧ポンプ、制御盤、圧力タンク、副弁付定水位弁をあらかじめ組み込んだユニット形式となっている場合が多い。

エ　直結加圧形ポンプユニットは、ポンプを複数台設置し、1台が故障しても自動切替えにより給水する機能や運転の偏りがないように自動的に交互運転する機能等を有している。

	ア	イ	ウ	エ
(1)	正 ——	誤 ——	誤 ——	正
(2)	誤 ——	正 ——	誤 ——	正
(3)	正 ——	正 ——	正 ——	誤
(4)	誤 ——	誤 ——	正 ——	誤

解答 1

解説 イ：圧力タンクは、**ポンプの頻繁な入・切を防止**するものである。ウ：副弁付定水位弁ではなく、**逆止弁**等である。

例題2 平成 26 年 問題 44

直結加圧形ポンプユニットに関する次の記述のうち、<u>不適当なものはどれか。</u>

(1) 直結加圧形ポンプユニットは、ポンプ、電動機、制御盤、流水スイッチ等から構成されている。

(2) 直結加圧形ポンプユニットは、始動・停止による配水管の圧力変動が極小であり、ポンプ運転による配水管の圧力に脈動が生じないものを用いる。

(3) 直結加圧形ポンプユニットは、ポンプを複数台設置し、1台が故障しても自動切換えにより給水する機能や運転の偏りがないように自動的に交互運転する機能などを有している。

(4) 直結加圧形ポンプユニットを構成する圧力タンクは、停電によりポンプが停止したときに水を供給するためのものである。

解答 4

解説 圧力タンクは、**ポンプの頻繁な入・切を防止**するものである。

7

給水装置の概要

183

逆止弁

□ 逆圧による水の逆流を防止する給水用具で、ばね式、リフト式、スイング式、ダイヤフラム式等がある

□ 逆止弁の設置は、流水方向の表示、設置後の点検、取替等の配慮が必要である

リフト式逆止弁とスイング式逆止弁

リフト式逆止弁	スイング式逆止弁
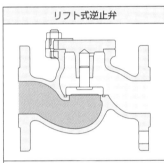	
・弁体が弁座に対し垂直に作動し、弁体の自重で閉止する構造 ・ばねを組み込んだものや弁体が球体のものもある ・水平に設置しなければならない ・損失水頭が大きい ・故障しにくい ・湯沸器上流側に用いられる	・弁体がヒンジピンを支点にして自重で弁座面に圧着し、通水時に弁体が押し開かれ、逆圧によって自動的に閉止する構造 ・縦方向の取り付けが可能 ・損失水頭が小さい ・スケール等により機能低下しやすい ・水撃圧による異常音が発生しやすい

逆流防止装置

□ 単式逆流防止弁は、1つの弁体をばねによって弁座に押しつける構造

□ 複式逆流防止弁は、2つの逆流防止弁が組み込まれている二重の安全構造

□ 減圧式逆流防止器は、第1逆止弁と第2逆止弁の中間に逃し弁があり、2つの逆止弁が故障した場合、逃し弁から排水して逆流防止する

□ **二重**式逆流防止器は、各弁体のテストコックによる**性能チェック**及び作動不良時の弁体の**交換**が、配管に**取付けたま**までできる構造である

□ **自重**式逆流防止弁は、一次側の流水圧で逆止弁体を押し上げて通水し、停止又は逆圧時は逆止弁体が**自重**と**逆圧**で弁座を**閉じる**構造である

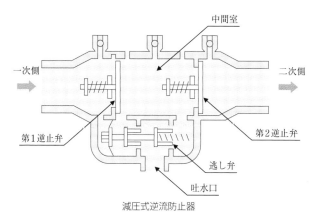

減圧式逆流防止器

例題

平成 28 年 問題 45 改題

給水用具に関する次の記述の ［　　］ 内に入る語句として、<u>適当なものはどちらか</u>。

　　［　　］ は、弁体が弁箱又は蓋に設けられたガイドによって弁座に対し垂直に作動し、弁体の自重で閉止の位置に戻る構造である。

（1）　スイング式逆止弁

（2）　リフト式逆止弁

解答 2

解説 弁体が垂直に作動する逆止弁は、**リフト**式逆止弁である。

止水栓

止水栓	止水部の構造	水流	損失水頭
仕切弁	弁体の垂直上下	直流	小さい
玉形弁	吊りこま構造	迂流	大きい
甲形止水栓	落しこま構造	迂流	大きい
ボール止水栓	球状弁体の90°回転	直流	小さい

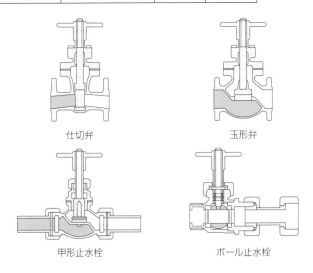

仕切弁　　　　　　　　　　　玉形弁

甲形止水栓　　　　　　　　　ボール止水栓

湯水混合水栓

混合水栓		操作機構	調整機構
ミキシングバルブ	ハンドル式	1つのハンドル	吐水温度 （水量調整は別途）
	サーモスタット式		
ツーハンドル		2つのハンドル	止水・吐水量・吐水温度
シングルレバー		1つのレバー	止水・吐水量・吐水温度

給水用具に関する次の記述の ＿＿＿＿＿ 内に入る語句として適当
なものはどちらか。

　甲形止水栓は、止水部が落としこま構造であり、損失水頭が
＿＿＿＿＿。
(1)　小さい
(2)　大きい

解答 2

給水用具に関する次の記述のうち、<u>不適当なもの</u>はどれか。
(1)　2 ハンドル式の混合水栓は、湯側・水側の 2 つのハンドル
　　を操作し、吐水・止水、吐水量の調整、吐水温度の調整がで
　　きる。
(2)　ミキシングバルブは、湯・水配管の途中に取付けて、湯と
　　水を混合し、設定流量の湯を吐水するための給水用具であ
　　り、ハンドル式とサーモスタット式がある。
(3)　ボールタップは、フロートの上下によって自動的に弁を
　　開閉する構造になっており、水洗便器のロータンクや、受水
　　槽に給水する給水用具である。
(4)　大便器洗浄弁は、大便器の洗浄に用いる給水用具であり、
　　バキュームブレーカを付帯するなど逆流を防止する構造と
　　なっている。

7

給水装置の概要

解答 2
解説 ミキシングバルブは、設定温度の湯を吐水するための給水用具
である。

7-8 給水用具

給水用具

- □ **定流量**弁：1次側の圧力にかかわらず流量を一定に調整する
- □ **減圧**弁：1次側の圧力が変動しても、2次側を1次側より低い一定圧力に保持する
- □ **安全**弁（**逃し**弁）：1次側の圧力が設定圧力以上になると、弁体が自動的に開いて圧力を逃がし、所定の値に降下すると閉じる
- □ **空気**弁：管内に停滞した空気を自動的に排出する
- □ **吸排気**弁：頂部に設置され、管内に負圧が生じた場合に自動的に**吸気**して負圧を解消する。なお、管内の空気を自動的に**排出**する機能を併せ持つ
- □ **バキュームブレーカ**：管内に**負**圧が生じたとき、**サイホン**作用による**逆流**を防止するため、**逆止**弁により**逆流**を防止するとともに、**空気**を取り入れ、**負圧**を解消する

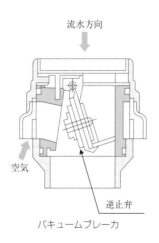

流水方向

空気

逆止弁

バキュームブレーカ

□ボールタップ：**フロート**の上下によって自動的に弁を開閉
し、便器のロータンクや受水槽に給水する
ダイヤフラム（圧力隔壁）式ボールタップは、給水圧力によ
る止水位の変動が**小さい**

□一般形ボールタップはテコの構造によって**単**式と**複**式とに
区分される

□副弁付定水位弁：主弁に小口径**ボールタップ**を副弁として組
合わせて取付けるもので、副弁の開閉により主弁内に生じる
圧力差によって開閉が**円滑**に行えるものである

□大便器洗浄弁：大便器の洗浄に用いる給水用具であり、**バ
キュームブレーカ**を付帯するなど**逆流**を防止する構造と
なっている

□大便器洗浄弁は、瞬間的に多量の水を必要とするので配管は
口径 25mm 以上としなければならない

□吸気弁は、寒冷地などの**水抜き**配管で、不凍栓を使用して二
次側配管内の水を**排水**し凍結を防ぐ配管において、**排水**時に
同配管内に**空気**を導入して**水抜き**を円滑にする自動弁であ
る

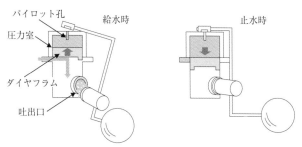

ダイヤフラム式ボールタップ

□ウォータクーラ：冷却槽で**給水管路**内の水を冷却し、押ボタ
ン式又は足踏式の開閉弁を操作して、冷水を射出する

例題

給水用具に関する次の記述の正誤の組み合わせのうち、<u>適当な</u><u>ものはどれか。</u>

ア　吸排気弁は、給水立て管頂部に設置され、管内に負圧が生じた場合に自動的に多量の空気を排気して給水管内の負圧を解消する機能を持った給水用具である。

イ　逆止弁は、逆圧による水の逆流を防止する給水用具であり、ばね式、リフト式、スイング式、ダイヤフラム式等がある。

ウ　ボール止水栓は、弁体が球状のため 90° 回転で全開、全閉することのできる構造であり、損失水頭は極めて小さい。

エ　減圧弁は、調整ばね、ダイヤフラム、弁体等の圧力調整機構によって、二次側の圧力が変動しても、一次側を二次側より低い一定圧力に保持する給水用具である。

	ア	イ	ウ	エ
(1)	誤	正	誤	正
(2)	誤	正	正	誤
(3)	正	誤	正	誤
(4)	正	誤	誤	正

解答　2

解説　ア：負圧が生じた場合、**吸気**する。エ：1 次側の圧力が変動しても、2 次側を 1 次側より低い一定圧力に保持する。

節水形給水用具

節水機構	給水用具	節水動作
吐水量を絞る	定流量弁	水圧に関係なく一定流量を吐水
	泡沫式水栓	空気を混ぜ、泡状に吐水
自閉機構	手洗衛生洗浄弁	押し棒を上げて吐水し、手を離すと自動的に止水
	自閉式水栓	手を離すと水が流れたのち、ばねの力で自動的に止水
	電子式自動水栓	赤外線ビーム等と電子制御装置により、手を触れずに吐水、止水
	湯屋カラン	ハンドルを押している間は吐水し、手を離すと自動的に止水
	定量水栓	設定水量を吐水後、自動的に止水
制御装置	小便器洗浄用ユニット	使用毎に便器の洗浄を行う
	大便器洗浄用ユニット	使用毎に便器の洗浄を行う
	自動食器洗い機	自動で食器を洗浄する

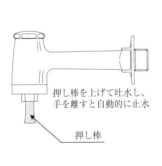

押し棒を上げて吐水し、手を離すと自動的に止水

手洗衛生洗浄弁

ハンドル

ハンドルを押している間は吐水し、手を離すと自動的に止水

湯屋カラン

7
給水装置の概要

例題

節水形給水用具に関する次の記述の正誤の組み合わせのうち、<u>適当なものはどれか</u>。

ア　自閉式水栓は、ハンドルから手を離すと水が流れたのち、水の力で自動的に止水するものである。

イ　電子式自動水栓は、手が赤外線ビームなどを遮断すると電子制御装置が働いて、吐水、止水が自動的に制御されるものである。

ウ　定量水栓は、ハンドルの目盛を必要水量にセットしておくと、設定した水量を吐水したのち自動的に止水するものである。

エ　湯屋カランは、ハンドルを押している間は水がでるが、ハンドルから手を離すと自動的に止水するものである。

	ア	イ	ウ	エ
(1)	正	誤	正	誤
(2)	誤	正	正	正
(3)	誤	誤	正	正
(4)	正	正	誤	誤

解答　2

解説　ア：自閉式水栓は、ばねの力により止水する。

7-10 湯沸器

学習 /

給水装置として使用される湯沸器

- □ **瞬間**湯沸器
  - › コイル管内を水が**通過**する間にガスバーナーで加熱
  - › **元**止め式と**先**止め式がある
  - › 最高 85℃ 程度まで加熱可能だが、通常は 40℃ 前後で使用される

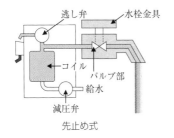
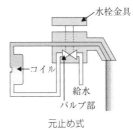

先止め式　　　　　　　　元止め式

- □ 貯**湯**湯沸器
  - › **密閉**構造。圧力 100kPa 以下、かつ伝熱面積 4m² 以下の**簡易**ボイラー
  - › 給水管に直結するので、**減圧**弁及び**安全**弁 (**逃し弁**) の設置が必須
- □ 貯蔵湯沸器
  - › ボールタップを備えた容器に貯水した水を加熱する**開放**構造
  - › 水圧が**かからない**ため湯沸器設置場所**でしか**湯を使うことが**できない**
- □ 太陽熱利用貯湯湯沸器
  - **2 回路式**：太陽集熱装置系と上水道系が**別系統**
  - **水道直結式**：太陽集熱装置系内に水道水が循環**する**
  - **シスターン式**：太陽集熱装置系と上水道系が**シスターン**により縁が切れている

7

給水装置の概要

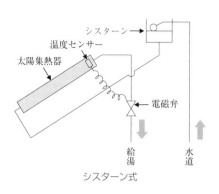

システーン式

□自然冷媒ヒートポンプ給湯機

　熱源に**大気熱**を利用しているため、消費電力が**少ない**

平成 28 年 問題 46

　貯湯湯沸器に関する次の記述の [　　　] 内に入る語句の組み合わせのうち、<u>適当なもの</u>はどれか。

　給水装置として取扱われる貯湯湯沸器は、そのほとんどが [　ア　] にかかる圧力が [　イ　] 以下で、かつ伝熱面積が [　ウ　] の構造のもので、労働安全衛生法令に規定するボイラー及び小型ボイラーに該当しない簡易ボイラーといわれるものである。貯湯湯沸器は、給水管に直結するので [　エ　] 及び安全弁（逃し弁）の設置が必須である。

	ア	イ	ウ	エ
(1)	配管部	100kPa	4 m² 以下	定流量弁
(2)	配管部	300kPa	8 m² 以下	減圧弁
(3)	貯湯部	300kPa	8 m² 以下	定流量弁
(4)	貯湯部	100kPa	4 m² 以下	減圧弁

解答 4

解説 圧力 100kPa 以下、かつ伝熱面積 4m² 以下で、**減圧弁**及び**安全弁**（逃し弁）の設置が必須である。

7-11 浄水器

学
習 /

浄水器

□ 水道水中の**残留塩素**などの溶存物質や**濁度**等の減少を主目
  的としたもの

□ トリハロメタン、鉛、**臭気**等を減少させる製品もある

□ **家庭用品品質表示法**施行令によって、品質表示が義務付けら
  れている

□ 濾過材には、次のものが用いられている

　① **活性炭**

　② ポリエチレン、ポリスルホン、ポリプロピレン等の**中空糸
     膜**

　③ その他（セラミック、ゼオライト不織布、天然サンゴ、イ
     オン交換樹脂等）

□ 濾過材のカートリッジは、**有効期限**を確認して交換する

給水用具に該当する浄水器、該当しない浄水器

方式	設置位置	常時水圧	形式	給水用具
先止め	水栓の流入側	加わる	すべての形式	該当する
元止め	水栓の流出側	加わらない	浄水器と水栓が一体（ビルトイン・アンダーシンク）	該当する
			浄水器単独で消費者が取付（給水栓直結型及び据え置き型）	該当しない

先止め式

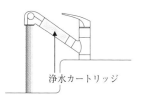

浄水カートリッジ

元止め式（浄水器一体形水栓）

7

給水装置の概要

195

例題

浄水器に関する次の記述の正誤の組み合わせのうち、<u>適当なものはどれか</u>。

ア　浄水器の濾過材は、ポリエチレン、ポリスルホン、ポリプロピレン等からできた中空糸膜を中心とした濾過膜に限定される。

イ　浄水器の濾過材のカートリッジは有効期限を確認し、適切に交換することが必要である。

ウ　浄水器の中には、残留塩素や濁度を減少させることのほか、トリハロメタン等の微量有機物や鉛、臭気等を減少させる性能を持つ製品がある。

エ　浄水器のうち、浄水器単独で製造・販売され、消費者が取付けを行うものは給水用具に該当する。

	ア	イ	ウ	エ
(1)	誤	正	正	誤
(2)	誤	正	誤	正
(3)	正	誤	誤	正
(4)	正	誤	正	誤

解答 1

解説 ア：浄水器の濾過材には活性炭などもあり、中空糸膜を中心とした濾過膜に**限定されない**。エ：浄水器単独で製造・販売され、消費者が取付けを行うものは給水用具に**該当しない**。

7-12 給水用具の故障と対策

学習 /

給水栓

故障	原因対策	対策
漏水	こま、パッキンの摩耗損傷	こま、パッキンを取替える
	弁座の摩耗、損傷	軽度の摩耗、損傷ならば、パッキンを取替える。その他の場合は水栓を取替える
水撃 (ウォータ ハンマ)	こまとパッキンの外径の不揃い（ゴムが摩耗して拡がった場合など）	正規のものに取替える
	パッキンが軟らかいときキャプナットの締過ぎ	パッキンの材質を変えるか、キャップナットを緩める
	こまの裏側（パッキンとの接触面）の仕上げ不良	こまを取替える
	パッキンが軟らかすぎるとき	適当な硬度のパッキンに取替える
	水圧が異常に高いとき	減圧弁等を設置する
不快音	スピンドルの孔とこま軸の外径が合わなく、がたつきがあるとき	摩耗したこまを取替える
グランドから 浸水	スピンドル又はグランドパッキンの摩耗、損傷	スピンドル又はグランドパッキンを取替える
スピンドルの がたつき	スピンドルのねじ山の摩耗	スピンドル又は水栓を取替える
水の出が悪い	水栓のストレーナにゴミが詰まった場合	水栓を取外し、ストレーナのゴミを除去する

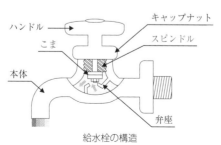

給水栓の構造

7

給水装置の概要

197

ボールタップ

故障	原因	対策
水が 止まらない	弁座に異物が付着することによる締めきりの不完全	分解して異物を取り除く
	パッキンの摩耗	パッキンを取替える
	水撃作用（ウォータハンマ）が起きやすく、止水不完全	水面が動揺する場合は、波立ち防止板を設ける
	弁座が損傷又は摩耗	ボールタップを取替える
水が出ない	異物による詰まり	分解して清掃する

ロータンク

故障	原因	対策
水が 止まらない	鎖がからまっている。	リング状の鎖の場合は、2輪ほどたるませる。玉鎖の場合は、4玉ほどたるませる
	フロート弁の摩耗、損傷のためすき間から水が流れ込んでいる。	新しいフロート弁に交換する
	弁座に異物がかんでいる。	分解して異物を取り除く
	オーバーフロー管から水があふれている。	・ボールタップの止水位調整不良の場合は、水位調整弁で調整する。水位調節のないものは浮玉支持棒を下に曲げる。この際、浮玉が廻らないようロックナットをしっかり締付けて固定する。水位はオーバーフロー管に表示された水位線（ウォーターライン）で止まるようにする
		・ボールタップの異物かみの場合は、パッキンにかみ込んだ異物を取り除き、パッキンに傷がある場合は新しいものと交換する
水が出ない	ストレーナに異物が詰まっている。	分解して清掃する

副弁付定水位弁

故障	原因	対策
水が止まらない	副弁の故障	一般形ボールタップの修理と同じ
	主弁座への異物のかみ込み	シリンダを外し、弁座を清掃する
	主弁座パッキンの摩耗	新品と取替える
水が出ない	ストレーナへの異物の詰まり	分解して清掃する
	ピストンのＯリングの摩耗による不作動	Ｏリングを取替える

大便器洗浄弁

故障	原因	対策
常に少量の水が流出している	ピストンバルブと弁座の間への異物のかみ込み	ピストンバルブを取外し異物を除く
	弁座又は弁座パッキンの傷	損傷部分を取替える
常に大量の水が流出している	ピストンバルブの小孔の詰まり	ピストンバルブを取外し、小孔を清掃する
	ピストンバルブのストレーナへの異物の詰まり	ピストンバルブを取外しブラシ等で軽く清掃する
	逃し弁のゴムパッキンの傷み	ピストンバルブを取出し、パッキンを取替える
吐水量が少ない	水量調節ねじの閉め過ぎ	水量調節ねじを左に回して吐水量を増やす
	ピストンバルブのＵパッキンの摩耗	ピストンバルブを取出しＵパッキンを取替える
吐水量が多い	水量調節ねじの開け過ぎ	水量調節ねじを右に回して吐水量を減らす
水勢が弱くて汚物が流れない	開閉ねじの閉め過ぎ	開閉ねじを左に回して水勢を強める
水勢が強くて水が飛び散る	開閉ねじの開け過ぎ	開閉ねじを右に回して水勢を弱める
水撃が生じる	非常な高い水圧と開閉ねじの開き過ぎ	開閉ねじをねじ込み、水の水路を絞る
	ピストンゴムパッキンの変形（ピストンバルブが急閉止する）	ピストンバルブを取出してよく広げるか、又は取替える
ハンドルから漏水する	ハンドル部のＯリングの傷み	Ｏリングを取替える

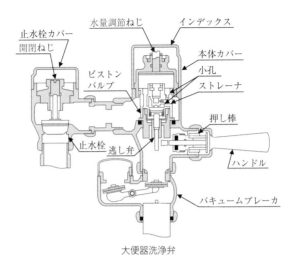

止水栓カバー
開閉ねじ

水量調節ねじ

インデックス

ピストン
バルブ

本体カバー

小孔

ストレーナ

押し棒

止水栓

逃し弁

ハンドル

バキュームブレーカ

大便器洗浄弁

小便器洗浄弁

故障	原因	対策
吐水量が少ない	調節ねじの閉め過ぎ	調節ねじを左に回して吐水量を増やす
吐水量が多い	調節ねじの開け過ぎ	調節ねじを右に回して吐水量を減らす
水勢が弱く洗浄が不十分である	開閉ねじの閉め過ぎ	開閉ねじを左に回して水勢を強める
水勢が強く洗浄が強く水が飛び散る	開閉ねじの開け過ぎ	開閉ねじを右に回して水勢を弱める
小量の水が流れ放し	ピストンバルブと弁座の間への異物のかみ込み	ピストンバルブを取外し、異物を除く
多量の水が流れ放し	ピストンバルブの小孔の詰まり	ピストンバルブを取外し、小孔を掃除する

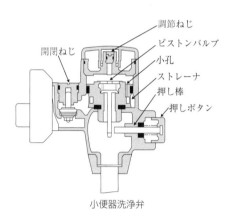

開閉ねじ
調節ねじ
ピストンバルブ
小孔
ストレーナ
押し棒
押しボタン

小便器洗浄弁

湯沸器

□様々な種類があり構造も複雑で、**使用者等が修理することは困難かつ危険なので、製造メーカー**に修理を依頼する

例題

給水用具の故障に関する次の記述の正誤の組み合わせのうち、適当なものはどれか。

ア　小便器洗浄弁の吐水量が少なかった。調査したところ、調整ねじが閉め過ぎだったので、調整ねじを左に回して吐水量を増やした。

イ　副弁付定水位弁の故障で水が出なくなった。調査したところ、ストレーナに異物が詰まっていたので、取り外して副弁付定水位弁を使用した。

ウ　水栓から不快音がした。調査したところ、スピンドルの孔とこま軸の外径が合わなく、がたつきがあったため、スピンドルを取替えた。

エ　受水槽のボールタップの故障で水が止まらなくなった。調査したところ、パッキンが摩耗していたので、パッキンを取替えた。

```
        ア      イ      ウ      エ
(1) 正 ── 誤 ── 正 ── 誤
(2) 誤 ── 誤 ── 正 ── 正
(3) 正 ── 正 ── 誤 ── 誤
(4) 正 ── 誤 ── 誤 ── 正
```

解答　4

解説　イ：分解してストレーナを清掃する。ストレーナを取り外したまま使用しない。ウ：摩耗したこまを取り換える。

第 **8** 章

給水装置
施工管理法

8-1 建設工事公衆災害防止対策要綱　土木工事編

学習 ／

公衆災害と労働災害

- □ **公衆**災害：工事の関係者以外の第三者の生命，身体及び財産に関する危害並びに迷惑
- □ **労働**災害：労働者の業務上または通勤途上の負傷・疾病・障害・死亡

作業場

- □ 歩行者及び自転車が通行する部分に沿った移動さくは、**間隔をあけないように**し、**すき間のないように**する
- □ 道路上の作業場には、交通流に対する**背面**から車両を出入りさせる
- □ 道路上の作業場内に、作業に使用**しない**車両を駐車させてはならない
- □ 作業に使用する車両の運転手を**常駐**させる

交通保安対策

- □ 施工者は、**道路管理**者及び所轄**警察署**長の指示に従い、道路標識、標示板等で必要なものを設置しなければならない
- □ 道路上で施工する場合には、**道路管理**者及び所轄**警察署**長の指示を受ける
- □ 作業場出入口等に必要に応じて、**交通誘導員**を配置する
- □ 地盤面から高さ **0.8m** 以上 **2m** 以下の部分は、通行者の視界を妨げないようにする
- □ 保安灯：高さ **1m** 程度、**150m** 前方から視認できる光度
- □ 仮舗装の段差：**5%** 以内の勾配ですりつける
- □ 工事予告標識：工事箇所の前方 **50m** から **500m** の間の箇所に設置する
- □ 車線制限：1 車線の場合は車道幅員 **3m** 以上、2 車線の場合は車道幅員 **5.5m** 以上を標準とする
- □ 歩行者用安全通路：幅 **0.90m** 以上（高齢者や車椅子使用者等の通行が想定されない場合は幅 **0.75m** 以上）、歩行者の

多い箇所は幅 1.5m 以上

建設工事公衆災害防止対策要綱に基づく保安対策に関する次の
記述のうち、<u>不適当なもの</u>はどれか。

(1)　作業場における固定さくの高さは 0.8m 以上とし、通行
　　者の視界を妨げないようにする必要がある場合は、さく上
　　の部分を金網等で張り、見通しをよくする。

(2)　固定さくの袴部分及び移動さくの横板部分は、黄色と黒
　　色を交互に斜縞に彩色（反射処理）するものとし、彩色する
　　各縞の幅は 10cm 以上 15cm 以下、水平との角度は、45 度
　　を標準とする。

(3)　移動さくは、高さ 0.8m 以上 1m 以下、長さ 1m 以上 1.5m
　　以下で、支柱の上端に幅 15cm 程度の横板を取り付けてあ
　　るものを標準とする。

(4)　道路標識等工事用の諸施設を設置するに当たって必要が
　　ある場合は、周囲の地盤面から高さ 0.8m 以上 2m 以下の
　　部分については、通行者の視界を妨げることのないよう必
　　要な措置を講じなければならない。

解答　1

解説　固定さくの高さは 1.2m 以上とする。

8

給水装置施工管理法

8-2 建設業法

建設業法の目的

□この法律は、建設業を営む者の**資質**の向上、建設工事の請負
契約の適正化等を図ることによって、建設工事の適正な**施工**
を確保し、**発注者**を保護するとともに、建設業の健全な発達
を促進し、もつて**公共**の福祉の増進に寄与することを目的と
する

建設業の許可

□軽微な建設工事を除き、**建設業の許可**を受けなければならな
い

□軽微な建設工事
  ‣建築一式工事：**1,500**万円未満
  ‣建築一式工事以外：**500**万円未満

□許可区分
  ‣2以上の都道府県に**営業所**を設ける場合：**国土交通大臣**
  ‣1の都道府県のみに**営業所**を設ける場合：**都道府県知事**

□許可の有効期限：**5**年ごとに更新を受けなければ、効力を失
う

一般建設業と特定建設業

□発注者から**直接**請負う工事の下請代金の額が**4,500**万円
以上（建築工事の場合は**7,000**万円以上）となる場合は、
特定建設業の許可を受けなければならない

□下請負人は、請負金額の大小にかかわらず、**一般建設業**の許
可で工事を請け負うことが**できる**
  ➡**発注者から直接請け負っていないので**

□すべて直営施工する者は、請負金額の大小にかかわらず、一
般建設業の許可で工事を請け負うことが**できる**。
  ➡**下請けに出していないので**

経営事項審査

- □ **公共性**のある施設等の政令で定める工事を、発注者から**直接**請け負おうとする者は、**経営事項審査**を受けなければならない
- □ 給水装置工事主任技術者免状の交付を受けた後、1 年以上の実務経験を有する者は、経営事項審査における技術的能力の評価の対象となる

監理技術者・主任技術者

- □ 建設業者は、施工するとき、**主任**技術者又は**監理**技術者を置かなければならない
- □ 発注者から**直接**工事を請け負った**特定**建設業者は、下請代金の額が 4,500 万円以上（建築工事の場合は 7,000 万円以上）になる場合は、**監理**技術者を置かなければならない
- □ 主任技術者及び監理技術者は、**施工計画**の作成、**工程**管理、**品質**管理その他の技術上の管理及び技術上の**指導監督**の職務を、誠実に行わなければならない
- □ **公共性**のある施設等又は**多数**の者が利用する施設等の政令で定める重要な建設工事の**主任**技術者又は**監理**技術者は、工事現場ごとに**専任**の者でなければならない
- □ 主な管工事業の主任技術者の要件
  - ‣ 給水装置工事主任技術者免状の交付後、1 年以上の実務経験を有する者
  - ‣ 10 年以上の実務経験を有する者

例題 1

平成 28 年 問題 53

建設業法に関する次の記述のうち、<u>不適当なものはどれか</u>。

(1) 建設業の許可は、5 年ごとにその更新を受けなければ、その期間の経過によって、その効力を失う。

(2) 一定以上の規模の建設工事を請け負うことを営もうとする者は、国土交通大臣又は都道府県知事の許可を受けることになるが、特定建設業の許可は国土交通大臣となる。

8

給水装置施工管理法

(3) 公共性のある施設又は工作物に関する建設工事を発注者
から直接請け負おうとする建設業者は、経営事項審査を受
けなければならない。

(4) 政令で定める軽微な建設工事のみを請け負うことを営業
とする者は、建設業の許可を必要としないが、軽微な建設工
事一件の請負代金の額は、建築一式工事とそれ以外の工事
では異なる。

解答 2

解説 大臣許可は、2以上の都道府県に営業所を設ける場合である。

例題2　　　　　　　　　　　　　　　　　平成26年 問題52

建設業法に関する次の記述のうち、<u>不適当なもの</u>はどれか。

(1) 建設業の許可には、国土交通大臣又は都道府県知事によ
る許可があり、一般建設業と特定建設業に区分されている。

(2) 請負代金の額が1,000万円未満の管工事のみを請け負お
うとする者は、建設業の許可を必要としない。

(3) 公共性のある施設又は工作物に関する建設工事で政令で
定めるものを発注者から直接請け負おうとする建設業者は、
経営事項審査を受けなければならない。

(4) 給水装置工事主任技術者免状の交付を受けた後、管工事
に関し1年以上の実務経験を有する者は、管工事業の経営
事項審査における技術的能力の評価の対象である。

解答 2

解説 1,000万円未満ではなく500万円未満の工事の場合、許可
を必要としない。

作業主任者

- □ **労働安全衛生法**により、作業の区分に応じて作業主任者を選任する
- □ 作業主任者の資格要件は、都道府県労働局長の**免許**を受けた者又は**技能講習**修了者
- □ 作業主任者の職務
  - ▶ 作業**方法**の決定、作業の直接**指揮**
  - ▶ 器具及び工具等の**点検**、不良品の除去
  - ▶ 保護具（保護帽及び安全靴等）の使用状況の**監視**
- □ **作業主任者**名や作業事項を作業現場の見やすい箇所に掲示し、周知する

主な作業主任者の選任が必要な作業

- □ **土止め支保工**の切りばり、腹おこしの取付け、取外しの作業
  - ➡ **土止め支保工**作業主任者
- □ 掘削面の高さが**2m**以上となる地山の掘削の作業
  - ➡ **地山の掘削**作業主任者
- □ 高さ**5m**以上の足場の組立、解体、変更の作業
  - ➡ **足場の組立て等**作業主任者
- □ **酸素欠乏**症及び**硫化水素**中毒のおそれのある場所における作業
  - ➡ **酸素欠乏危険作業**主任者

酸素欠乏危険作業

- □ 酸素欠乏：空気中の酸素濃度**18%**未満の状態
- □ 空気中の酸素濃度を**18%**以上に保つように換気する
- □ 労働者を入場・退場させるときに、**人員**を点検する
- □ 酸素欠乏のおそれが生じたときは、**直ちに**作業を**中止**し、**退避**させる
- □ 作業環境測定の記録を**3年間**保存する

8

給水装置施工管理法

209

□酸素欠乏等のおそれのある地層
  ▸上層に不透水層がある砂れき層のうち含水若しくは湧水がなく、又は少ない部分
  ▸第一鉄塩類又は第一マンガン塩類を含有している地層
  ▸メタン、エタン又はブタンを含有する地層
  ▸炭酸水を湧出しており、又は湧出するおそれのある地層
  ▸腐泥層
□硫化水素濃度10ppmを超える空気を吸入すると、硫化水素中毒を発生するおそれがある

その他
□クレーンの運転業務に従事する者が、労働安全衛生法施行令で定める就業制限に係る業務に従事するときは、これに係る免許証その他資格を証する書面を携帯していなければならない

例題 1   平成27年 問題59

労働安全衛生に関する次の記述のうち、不適当なものはどれか。

(1) 掘削面の高さが2m以上となる地山の掘削（ずい道及びたて坑以外の抗の掘削を除く。）作業については、地山の掘削作業主任者を選任しなければならない。

(2) 地山の掘削作業主任者の主な職務は、作業の方法を決定し作業を直接指揮すること、器具及び工具を点検し不良品を取り除くこと、安全帯等及び保護帽の使用状況を監視することである。

(3) 事業者は、爆発、酸化等を防止するため換気することができない場合又は作業の性質上換気することが著しく困難な場合を除き、酸素欠乏危険作業を行う場所の空気中の酸素濃度を15%以上に保つように換気しなければならない。

(4) 事業者は、酸素欠乏危険作業を行う場所において酸素欠乏のおそれが生じたときは、直ちに作業を中止し、労働者をその場所から退避させなければならない。

解答 3

解説 空気中の酸素濃度を18%以上に保つように換気しなければならない。

例題2
平成26年 問題55

労働安全衛生に関する次の記述のうち、<u>不適当なもの</u>はどれか。

(1) 土止め支保工の切りばり又は腹起こしの取り付け又は取り外しの作業については、地山の掘削作業主任者を選任しなければならない。

(2) 事業者は、労働者が墜落するおそれのある場所、土砂などが崩壊するおそれのある場所等に係る危険を防止するため必要な措置を講じなければならない。

(3) 就業制限のある業務に従事する者は、これに係る免許証その他資格を証する書面を携帯していなければならないことから、給水装置工事主任技術者は、これらの携帯確認を行わなければならない。

(4) ケーブル、ガス管その他地下に敷設される物を収容するための暗きょ、マンホール又はピットの内部は、酸素欠乏危険場所である。

解答 1

解説 地山の掘削作業主任者ではなく、**土止め支保工作業主任者**を選任しなければならない。

8

給水装置施工管理法

建築基準法（第1条）

この法律は、建築物の敷地、構造、**設備**及び用途に関する**最低**の基準を定めて、**国民**の生命、健康及び**財産**の保護を図り、もって公共の福祉の増進に資することを目的とする。

建築基準法施行令（第129条の2の4）

□ **腐食**するおそれのある部分には、**腐食防止**措置を講ずること
□ 構造耐力上主要な部分を**貫通**して配管する場合は、構造耐力上支障を生じないようにすること
□ 給水、排水その他の配管設備を**昇降機**の**昇降路**内に設けないこと
□ 圧力タンク及び給湯設備には、**安全**装置を設けること
□ 給水管等の貫通する部分と、そこからそれぞれ両側に1m以内の部分を**不燃材料**で造ること
□ 飲料水の配管設備とその他の配管設備とは、**直接連結**させないこと
□ 飲料水の水栓の開口部は、あふれ面との**垂直**距離を保つ等、**逆流防止**措置を講ずること
□ 飲料水の配管設備から**漏水**しないものであること
□ 飲料水の配管設備から**溶出**する物質により汚染されないこと
□ 給水管の**凍結**のおそれのある部分には、**防凍**措置を講ずること
□ 給水タンクは、ほこり他が入らない構造とし、金属性のものは、**さび止め**措置を講ずること

建設省告示（第1597号）

□ ウォーターハンマーのおそれがある場合は、**エアチャンバー**を設ける等、防止措置を講ずること
□ 主要な分岐管には、分岐点に近接し、かつ、操作ができる部分に**止水弁**を設けること
□ 給水タンク等の天井、底又は周壁は、建築物の部分と**兼用**しないこと

□建築物の内部に設ける給水タンクは、外部から**天井**、**底**又は**周壁**の**保守点検**を容易かつ安全に行うことができるようにすること

□給水タンク等の内部には、**飲料水**の配管設備以外の配管設備を設けないこと

□給水タンク等の内部の保守点検ができる位置に、直径**60cm**以上の**マンホール**を設けること

□圧力タンク等を除き、ほこり他が入らない構造の**オーバーフロー管**を設けること

□圧力タンク等を除き、ほこり他が入らない構造の**通気**装置を設けること。ただし、**2m³**未満のものについては、この限りでない

□給水タンク等の**上**にポンプ等の機器を設ける場合は、飲料水を**汚染**することのないように必要な措置を講ずること

□最下階の床下その他**浸水**によりオーバーフロー管から水が**逆流**するおそれのある場所に給水タンク等を設置する場合にあっては、**浸水**を容易に覚知することができるよう**浸水**を検知し警報する装置の設置その他の措置を講じること

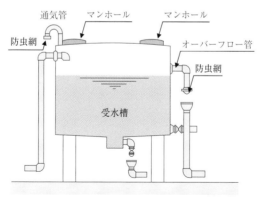

給水タンクの構造例

建築基準法に規定されている配管設備などの技術的基準に関する次の記述のうち、<u>適当なもの</u>はどれか。

(1) コンクリートへの埋設などにより腐食するおそれのある部分には、その材質に応じ有効な腐食防止のための措置を講ずる。

(2) いかなる場合においても、構造耐力上主要な部分を貫通して配管してはならない。

(3) 圧力タンク及び給湯設備には、安全装置を設ける必要はない。

(4) エレベーターの昇降路内に給水の配管設備を設置しても問題ない。

解答 1

解説 (2) 構造耐力上主要な部分を貫通して配管する場合は、構造耐力上支障が生じないようにすること。(3) 安全装置を設ける**必要がある**。(4) 昇降路内に設けてはならない。

8-5 給水装置工事の施工管理 (1)

一般事項

□ 配水管から分岐して給水管を設ける工事の責任者は、**給水装置工事主任技術者である**

□ **給水装置工事主任技術者**は、労働災害の事例、災害防止にかかわる書籍等を参考に、工事従事者の**安全を図るための努力**を怠ってはならない

施工計画書

□ 緊急時なども**作業従事者**等が常に見ることができるよう、**付近住民**への情報提供も考慮し、「工事中看板」に吊るしておく。ただし、**発注者**等の**個人情報**は記載しない

□ 緊急時の連絡先を明記し、**責任者**が不在でも電話連絡が図れるようにしておく

事前確認

□ 配水管からの分岐以降水道メーターまでの工事は、**水道事業者の承認を受けた工法**、工期他の条件に適合するように施行しなければならない

□ **水道事業者**は、災害等による給水装置の損傷の防止、復旧を迅速かつ適切に行えるように、**配水管への取付口**から**水道メーター**までの構造及び材質等を指定する場合があり、指定されている場合は**水道事業者**に確認しなければならない

□ 公道内の給水装置工事は、工事等の範囲を**水道事業者**に確認する必要がある

8

給水装置施工管理法

215

例題

給水装置工事の施工計画書に関する次の記述の　　　内に入る語句の組み合わせのうち、<u>適当なもの</u>はどれか。

　施工計画書は、緊急時なども含め　ア　が常に見ることができるよう、　イ　への情報提供も考慮し、例えば工事現場内に設置してある「工事中看板」に吊るしておくなどの措置を講じる。ただし、この場合は、施工計画書に　ウ　の個人情報は記載しないなど個人情報保護への配慮が必要である。なお、　エ　が不在でも電話連絡が図れるようにしておくことも重要である。

	ア	イ	ウ	エ
（1）	通行者や歩行者	作業従事者等	受注者等	施工者
（2）	作業従事者等	付近住民	発注者等	責任者
（3）	作業従事者等	付近住民	受注者等	施工者
（4）	通行者や歩行者	作業従事者等	発注者等	責任者

解答 2

解説 本文参照

関係者への周知・報告

- □工事着手に**先立ち**、付近住民に対し、工事の協力が得られる よう、工事の具体的な説明を行う
- □工事内容を付近住民や通行人に周知させるため、**広報板**など を使用し、必要な**広報**措置を行う
- □事故が発生し、又は発生するおそれがある場合は、**直ちに**必 要な**措置**を講じ、事故状況及び措置内容を**水道事業者**等に報 告する

施工中の管理

- □**指定給水装置工事事業者**は、配水管から分岐して給水管を設 ける工事などを施行する場合、**適切に作業を行うことができ る技能を有する**者に従事又は監督させなければならない
- □**給水装置工事主任技術者**は、**施工計画書**に基づき、施工過程 でチェックを行い、施工計画書のとおり進められているか、 法令順守がなされているか、必要の都度工事目的物の品質を 絶えず確認する

試験・記録

- □穿孔後における水質確認（残留塩素、におい、濁り、色、味） を行う。特に**残留塩素**は、穿孔した管が水道管の証しとなる から必ず確認する
- □施工計画書に品質管理項目と管理方法、管理担当者を定め実 施する。結果を**記録**にとどめるほか、実施状況を写真撮影 し、工事記録としてとどめておく
- □**水道事業者**、**発注者**等が施工状況の確認ができるよう資料、 写真の取りまとめを行っておく
- □**水道事業者**によっては、工事完了時に品質管理の結果と状況 **写真**の提出を義務付けているところがある

8

給水装置施工管理法

217

宅地内の給水装置工事

□一般に水道メーター以降末端給水用具までの工事であり、施主の依頼に応じて実施され、工事内容によっては、**建築業者**等との調整が必要となる。

□道路上での給水装置工事と同様に、**施工計画書の作成、工程管理、品質管理、安全管理**等を行う必要がある。

□工事箇所の**水道事業者の給水条例**などを理解し行う

例題

配水管への取付けから水道メーターまでの給水装置工事の施工管理に関する次の記述のうち、<u>不適当なもの</u>はどれか。

(1) 給水装置工事主任技術者は、水道事業者、発注者等が常に施工状況の確認ができるよう必要な資料、写真の取りまとめを行っておく。

(2) 工事着手に先立ち、現場付近住民に対し、工事内容について具体的な説明を行い、工事の施行について十分な協力が得られるように努めなければならない。

(3) 給水装置工事主任技術者は、水道工事における労働災害の発生事例や、工事現場における災害防止の手法にかかわる書籍等を参考に、工事従事者の身の安全を図るための努力を怠ってはならない。

(4) 工事の施工に当たり、事故が発生した場合には、水道事業者や関係官公署に事故状況の報告を行い、緊急措置について指示を受けたうえで、必要な措置を講じなければならない。

解答 4

解説 事故が発生した場合は、**直ちに必要な措置**を講じたうえで、報告する必要がある。

8-7 給水装置工事の安全管理

一般事項

□労働災害の危険があるときは、**直ちに**作業を**中止**し、労働者を**退避**させる等必要な措置を講じなければならない（労働安全衛生法第 25 条)

□**適切な人材**を配置するとともに、工事用機械器具の留意点を周知し、操作を誤らないように使用する

□材料等には荷くずれのないような処置を講じ、運搬、積みおろしの際に、衝撃を与えないように扱い、**歩行者**や**車両の通行**に危険のないように注意する

□道路上又は道路に近接して高さの高い工事用機械類を設置しておく場合は、**白色照明灯**等で、所在が確認できるようにする

掘削・埋設工事

□**埋設物**を調査するとともに、近接する埋設物がある場合は**埋設物管理者**に**立会い**を求め位置を確認し、埋設物に損傷を与えないよう注意する

□埋設物に接近して掘削する場合は、周辺地盤のゆるみ、沈下等に注意して施工し、必要に応じて**埋設物管理者**と**協議**のうえ、防護措置等を講ずる

□**火気**に弱い埋設物又は**可燃性物質**の輸送管等の埋設物に接近する場合は、**火気**を伴う機械器具を使用しない。やむを得ない場合は、**埋設物管理者**と**協議**し、保安上必要な措置を講じる

□ガス管などの埋設物に関する事項は、ガス会社などの**埋設物管理者**と協議する

例題

給水装置工事の安全管理に関する次の記述のうち、**不適当なものはどれか**。

(1) 埋設物に接近して掘削する場合は、周辺地盤のゆるみ、沈下等に十分注意して施工し、必要に応じて道路管理者と協議のうえ、防護措置等を講ずる。

(2) 工事中、内容に応じた適切な人材を配置するとともに、関係者に工事用機械器具の特徴等の留意点を十分周知し、操作を誤らないように使用する。

(3) 工事中、火気に弱い埋設物又は可燃性物質の輸送管等の埋設物に接近する場合は、溶接機、切断機等火気を伴う機械器具を使用しない。

(4) 材料等には荷くずれのないよう十分な処置を講じ、運搬、積みおろしの際に、衝撃を与えないよう丁寧に扱い、歩行者や車両の通行に危険のないよう十分に注意する。

解答 1

解説 埋設物に接近して掘削する場合は、道路管理者ではなく、**埋設物管理者**と協議する。

8-8 給水装置工事の品質管理

学習 ／

品質管理

□品質管理：要求される品質、性能を有するものを完成させる
ための種々の手段

□品質管理の対象となる段階
調査から計画、施工、検査のすべての段階

□品質管理により期待できる効果
品質の向上、原価の低減、信頼の確保、無駄な作業の減少、
検査手数の減少

□的確な品質管理に求められること
指定工事事業者、給水装置工事主任技術者など、すべての関
係者の積極的な参加

□品質管理記録は、施工管理の結果であり適正な工事を証明す
る証しとなるので、宅地内の給水装置工事についても、給水
装置工事主任技術者は品質管理の実施とその記録の作成を
怠ってはならない

8

給水装置施工管理法

例題

給水装置工事に関する次の記述の正誤の組み合わせのうち、適当なものはどれか。

ア　工事内容を現場付近住民や通行人に周知するため、広報板等を使用し、必要な広報措置を行う。

イ　配水管を断水して給水管を分岐する工事の場合は、水道事業者との協議に基づいて、断水広報等を考慮した断水工事日が設定されるので、それを基準日として天候等を考慮した工程を組む。

ウ　品質管理記録は、施工管理の結果であり適正な工事を証明する証しとなるので、給水装置工事主任技術者は品質管理の実施とその記録の作成を怠ってはならない。ただし、宅地内の給水装置工事についてはこの限りではない。

エ　工事着手後、現場付近住民に対し、工事の施行について協力が得られるよう、工事内容の具体的な説明を行う。

	ア	イ	ウ	エ
(1)	正	正	誤	誤
(2)	正	誤	正	誤
(3)	誤	正	誤	正
(4)	誤	誤	正	正

解答 1

解説 ウ：品質管理記録は、**宅地内の給水装置工事についても必要**である。エ：工事着手に**先立ち**、現場付近住民に対し、工事内容の具体的な説明を行う必要がある。

8-9 給水装置工事の工程管理

学習 /

工程管理とは

契約書に定めた工期内に工事を完了するため、**現地調査**や水道事業者等との**調整**に基づき工程管理計画を作成し、**効率的**かつ**経済的**に工事を進めて行くこと。単なる**時間**的管理ではない

給水装置工事の工程管理

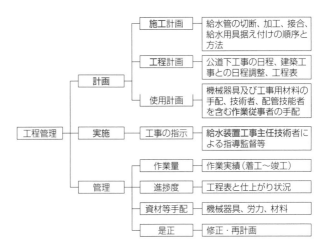

工程表

□作業が可能な日数を、土曜日、日曜日、祝日の他、天候による作業が不可能な日等を**差し引いて**推定し、**無理**のない**余裕**のある工程計画を立てる

□工程表には、**ガント**チャート、**バー**チャート、**ネットワーク**等があるが、給水装置工事の工事規模の場合は、**バーチャート**工程表が一般的である

8

給水装置施工管理法

223

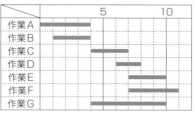

バーチャート工程表の例

給水装置工事の工事受注から工事着手までのフロー

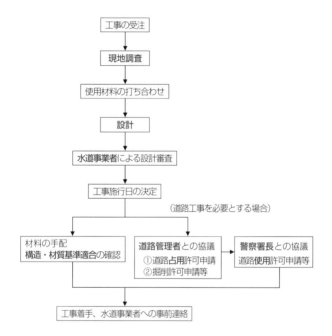

給水用具の取付けから工事完了(引き渡し)までのフロー

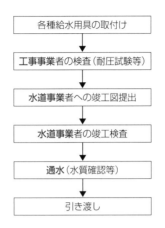

各種給水用具の取付け

↓

工事事業者の検査(耐圧試験等)

↓

水道事業者への竣工図提出

↓

水道事業者の竣工検査

↓

通水(水質確認等)

↓

引き渡し

例題 1

平成 29 年 問題 54

給水装置工事の工程管理に関する次の記述の　　内に入る語句の組み合わせのうち、適当なものはどれか。

工程管理は、一般的に計画、実施、　ア　に大別することができる。計画の段階では、給水管や給水用具の施工順序や方法、建築工事との日程調整、機械器具及び工事用材料の手配、技術者や配管技能者を含む　イ　を手配し準備する。工事は　ウ　の指導監督のもとで実施する。

	ア	イ	ウ
(1)	管理	作業主任者	技能を有する者
(2)	検査	作業従事者	技能を有する者
(3)	管理	作業従事者	給水装置工事主任技術者
(4)	検査	作業主任者	給水装置工事主任技術者

解答 3

解説 本文参照

8

給水装置施工管理法

例題2

下図は給水装置工事の工事受注から工事着手までの一般的な工程である。 □ 内に入る語句の組み合わせのうち、適当なものはどれか。

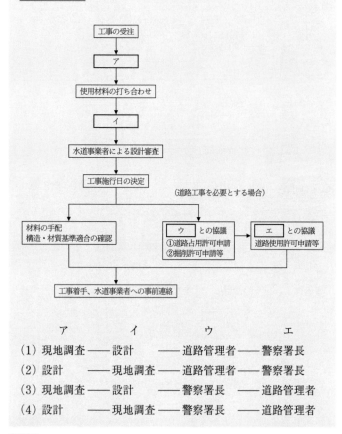

	ア	イ	ウ	エ
(1)	現地調査	設計	道路管理者	警察署長
(2)	設計	現地調査	道路管理者	警察署長
(3)	現地調査	設計	警察署長	道路管理者
(4)	設計	現地調査	警察署長	道路管理者

解答 1

解説 現地調査を実施してから設計を行う。道路占用許可申請、掘削許可申請は**道路管理者**に、道路使用許可申請は**警察署長**に申請する。

現場における工事用電力設備

□高圧配線、変電設備には**危険表示**し、接触の危険のあるものにはさく、囲い、覆い等、感電防止措置を講じる

□仮設の電気工事は、電気事業法に基づく電気設備に関する技術基準を定める省令などにより**電気技術者**が行う

□電力設備には、感電防止用**漏電遮断器**を設置し、感電事故防止に努める

水中ポンプは、常に**点検**と補修を行う

例題 1

平成 26 年 問題 56

給水装置工事の現場における電気事故防止の基本事項に関する次の記述の正誤の組み合わせのうち、<u>適当なもの</u>はどれか。

ア　感電事故防止のために、電力設備に配線用遮断器を設置する。

イ　電線をステップルで造営物に仮止めするなどの仮設の電気工事は、電気事業法に基づく電気設備に関する技術基準を定める省令などにより電気技術者が行わなければならない。

ウ　高圧配線、変電設備には危険表示を行い、接触の危険のあるものには必ずさく、囲い、覆い等感電防止措置を講じる。

エ　電気関係器材のうち、水中ポンプは常時の点検ができないため、故障したときに速やかに補修を行うことにより、正常な状態で作動させる。

	ア	イ	ウ	エ
(1)	正	誤	誤	正
(2)	誤	誤	正	正
(3)	誤	正	正	誤
(4)	正	正	誤	誤

8

給水装置施工管理法

227

解答 3

解説 ア：配線用遮断器ではなく**漏電遮断器**を設置する。エ：**水中ポ**ンプについても、常時の点検を行う。

例題2

給水装置工事の現場における工事用電力設備に関する次のア〜エの記述のうち、<u>不適当なものの数</u>はどれか。

ア　仮設の電気工事は、電気事業法に基づく電気設備に関する技術基準を定める省令などにより給水装置工事主任技術者が行う。

イ　高圧配線、変電設備には危険表示を行い、接触の危険のあるものには必ず柵、囲い、覆い等の感電防止措置を講じる。

ウ　電力設備には、感電防止用漏電遮断器を設置し、感電事故防止に努める。

エ　水中ポンプその他の電気関係器材は、常に点検と補修を行い正常な状態で作動させる。

(1)　1

(2)　2

(3)　3

(4)　4

解答 1

解説 ア：給水装置工事主任技術者ではなく、電気技術者が行う。

索引

230

233

出典・画像提供・協力

1-5	厚生労働省ホームページ「水道水質基準について」
4-2	株式会社タブチ
	積水化学工業株式会社
7-12	一般社団法人 日本バルブ工業会
	株式会社 FM バルブ製作所
過去問題	公益財団法人給水工事技術振興財団ホームページ

参考文献

『改訂給水装置工事技術指針 本編』公益財団法人給水工事技術振興財団

● 著者プロフィール

石原 鉄郎（いしはら てつろう）　ドライブシャフト合同会社　代表社員

給水装置工事主任技術者、管工事施工管理技士、ビル管理士などの技術系国家試験の指導講師。講習会の指導講師のほかに通信教育の添削指導講師も勤める。給水装置工事主任技術者のほか、1級管工事施工管理技士、建築設備士、消防設備士、ビル管理士など技術系国家資格を20種類以上もつ。著書に『建築土木教科書 2級管工事施工管理技士　学科・実地テキスト&問題集』、『建築土木教科書 ビル管理士 出るとこだけ！』、『建築土木教科書　1級・2級電気通信工事施工管理技士　学科・実地　要点整理&過去問解説』（以上、翔泳社）、『丸覚え！ 電験三種公式・用語・法規の超重要ポイント』（共著、ナツメ社）などがある。

装丁	小口 翔平＋岩永 香穂＋三沢 稜（tobufune）
DTP	株式会社シンクス

建築土木教科書
給水装置工事主任技術者 出るとこだけ！ 第2版

2017年 5月22日　初　版　第1刷発行
2020年 5月29日　第2版　第1刷発行
2023年 7月25日　第2版　第3刷発行

著　者	石原 鉄郎（いしはら てつろう）
発行人	佐々木 幹夫
発行所	株式会社 翔泳社（https://www.shoeisha.co.jp）
印　刷	昭和情報プロセス株式会社
製　本	株式会社国宝社

ISBN978-4-7981-6578-3　　　　　Printed in Japan